Gefährliche Tiere

Ravensburger Buchverlag

Inhalt

• EINLEITUNG •

Wie gefährlich sind Tiere?	6

• HAUER, HÖRNER UND GEWEIHE •

Der Stolz der Männchen	8
Von Elefanten und Flusspferden	10
Nashörner und wilde Rinder	12

• KRALLEN UND ZÄHNE •

Scharfe Werkzeuge	14
Fänge und Pranken	16
Großkatzen	18
Wölfe und Wildhunde	20
Bären	22
Greifvögel	24
Alligatoren und Krokodile	26
Haie	28

• GIFTIGE TIERE •

Tödliches Gift	30
Giftzähne	32
Spinnen	34
Stachelinsekten	36
Skorpione	38
Fische	40
Hübsch, aber giftig	42

• NATÜRLICHE WAFFEN •

Hufe und Sporne	44
Mit Haut und Haaren	46
Größe, Stärke, Schnelligkeit	48
Große Armeen	50

• MENSCHEN UND TIERE •

Klein – aber gefährlich	52
Jagd auf Tiere	54
Sag mir, wo die Tiere sind …	56
Register	58

Todesotter

Wie gefährlich sind Tiere?

Ein Tiger kann mit einem einzigen Nackenbiss einen Hirsch töten. Das Nashorn spießt mit einem Stoß seines Horns eine Hyäne auf. Eine zarte Spinne überwältigt ein Beutetier mit ihren Giftklauen ... Überall machen Tiere mit gefährlichen Waffen Jagd auf Beute oder vertreiben damit Angreifer. Sie setzen Zähne und Krallen, Hörner und Hufe, Stacheln und Klauen, Gifte und Panzer ein, um andere zu fressen oder um selbst nicht gefressen zu werden. Auch Schlangen greifen einen Menschen nur an, wenn sie sich bedroht fühlen. Viele kleinere Tiere hingegen wie Stechmücken, Fliegen und Zecken können dem Menschen aber durchaus gefährlich werden, da sie Krankheiten übertragen. Der Mensch wiederum ist von allen Lebewesen das gefährlichste.

Giftiger Stachel
Mit seinem Stachel am Hinterende spritzt der Skorpion Gift in den Körper des Beutetieres.

Scharfes Auge
Löwen und Adler haben gute Augen und erkennen Beutetiere von weitem. Haie und Bären dagegen sehen schlecht und können einen Menschen schon einmal mit einem Beutetier verwechseln.

SCHON GEWUSST?
Die Schwarze Witwe ist eine der gefährlichsten Spinnen. Sie kommt in Nordafrika und im Mittelmeerraum vor und fällt durch ihre rote Zeichnung auf. Ihr Biss wirkt selbst für Menschen manchmal tödlich.

Scharfer Hieb
Greifvögel zerteilen ihre Beutetiere mit dem scharfen Hakenschnabel.

Tödlicher Biss
Der Biss der australischen Trichternetzspinne kann besonders bei Kindern rasch zum Tod führen.

Barrakuda

Kiefer wie Messer
Die Bulldoggenameisen haben scharfe Kiefer und Giftstacheln, mit denen sie ihre Beute töten.

Kopfwaffen
Pflanzen fressende Säugetiere wie Nashörner und Wildrinder vertreiben angreifende Raubtiere mit ihren Hörnern. Auch die Geweihe der Hirsche sind gefährliche Waffen. Die Männchen setzen sie bei den Revierkämpfen untereinander ein.

Ein zähnestarrendes Maul
Ein Krokodil hat im Oberkiefer 32, im Unterkiefer sogar 40 Zähne. Mit seinem zähnestarrenden Maul kann es jedes Lebewesen überwältigen. Wenn es erst einmal zugepackt hat, gibt es kein Entrinnen mehr.

Spitze Krallen
Mit seinen mächtigen Pranken und den fünf scharfen Krallen zerreißt ein Bär fast alles.

Eine lange Lanze
Männliche Narwale haben einen außerordentlich langen linken Schneidezahn. Er kann bei einem 5 m langen Tier 3 m erreichen. Zoologen vermuten, dass die Narwale ihre spiralförmig verdrillten Stoßzähne bei Kämpfen um die Weibchen einsetzen.

Knochen

Knochen, der abgeworfen wird

Zahnschmelz

Keratin

Bongo

Weißwedelhirsch

Walross

Spitzmaulnashorn

Der Stolz der Männchen

Bei vielen Tierarten tragen die Männchen Hörner, Geweihe oder Stoßzähne. Sie setzen diese Waffen ein, wenn sie mit anderen Männchen um die Weibchen, um Territorien oder die Rangordnung innerhalb der Gruppe kämpfen. Dabei fließt allerdings fast nie Blut und in vielen Fällen kommt es nicht einmal zum Kampf. Denn wenn ein Männchen mit einem riesigen Geweih daherkommt, ist der Rivale mit dem kleineren Kopfschmuck so beeindruckt, dass er sich von vornherein geschlagen gibt und zurückzieht. Auch manche Weibchen, etwa bei den Rentieren oder den Ziegen, haben Geweihe oder Hörner. Diese sind allerdings viel kleiner, wenn auch nicht ungefährlich. Im Notfall werden die Waffen von beiden Geschlechtern eingesetzt, um einen Angreifer in die Flucht zu schlagen. Nicht selten wird dieser dabei sogar tödlich verletzt.

Horn oder Geweih?
Bongos, Rinder und Gazellen tragen Hörner. Sie wachsen als Knochen aus der Stirn, sind mit Horn oder Keratin überzogen und werden nie abgeworfen. Die Geweihe der Hirsche und Rehböcke bestehen ebenfalls aus knochenartigem Material. Sie bilden sich jedes Jahr neu und sind dann von einer zarten, durchbluteten Haut umgeben. Diese wird später abgefegt. Das Horn des Nashorns besteht nur aus Keratin. Die Stoßzähne der Walrösser, Elefanten und Narwale sind echte Zähne.

EIN FABELWESEN

Das Einhorn hat die Gestalt eines Pferdes und trägt ein langes, verdrilltes Horn auf dem Kopf. Vermutlich entstand dieses Bild durch eine irreführende Beschreibung des Nashorns und auch der Narwal mag dabei eine Rolle gespielt haben. Man hielt Narwalzähne für Hörner des Einhorns. Früher schrieb man dem Einhorn Zauberkräfte zu. So glaubte man, wer aus einem Einhornbecher tränke, dem würde selbst Gift nicht schaden.

Krachende Geweihe
Während der Fortpflanzungszeit tragen die Elchbullen Kämpfe um die Weibchen aus. Sie stellen sich drohend voreinander auf, Nase gegen Nase. Wenn keiner der Rivalen zurückweicht, senken sie den Kopf. Ihre Geweihe schlagen zusammen und die Schaufeln verhaken sich ineinander. Nun beginnt ein zähes und ausdauerndes Ringen und sie versuchen, sich gegenseitig vom Platz zu stoßen. Der Unterlegene räumt schließlich das Feld. Manchmal kämpfen sie jedoch auch bis auf den Tod.

Elchgeweihe

Ein Jahr

Vier Jahre

Acht Jahre

Die Rangabzeichen
Jedes Jahr stößt der Elch sein Geweih ab und entwickelt ein neues. Mit zunehmendem Alter des Männchens wird das Geweih größer und gewaltiger. Daran lässt sich seine Stellung innerhalb der Rangordnung der Herde ablesen.

Von Elefanten und Flusspferden

Afrikanischer Elefant
Der Afrikanische Elefant fächelt sich mit seinen großen Ohren ständig Luft zu. Um die empfindliche Haut vor Sonne und Insekten zu schützen, suhlt er sich gern im Schlamm.

Der Afrikanische und der Indische Elefant sowie das Nilpferd gehören zu den größten Landtieren. Ein Nilpferd wiegt etwa so viel wie 20 Erwachsene und 100 sind nötig, um einen Elefanten aufzuwiegen! Er erreicht bis zu 7 t Gewicht. Wegen ihrer Größe müssen diese Tiere gewaltige Mengen an Pflanzen vertilgen. Flusspferde steigen nachts an Land, um das Gras abzuweiden. Sie reißen die Grasbüschel mit ihren dicken Lippen ab, sodass die Savanne am Ende wie gemäht aussieht. Elefanten fressen Gras, Blätter und Früchte. Mit ihren Stoßzähnen entwurzeln sie auch bisweilen einen Baum, um an Futter zu gelangen, oder sie reißen Sträucher mit dem Rüssel heraus. Die großen Hauer der Nilpferde und die Stoßzähne der Elefanten sind fürchterliche Waffen. Deshalb greifen selbst Löwen und Tiger nur äußerst selten einen erwachsenen Dickhäuter an.

Indischer Elefant
Der Indische Elefant ist kleiner als sein afrikanischer Bruder. Auch sind Kopf, Rumpf und Stoßzähne anders geformt und er hat nicht so große Ohren.

Hohlraum
Um Gewicht einzusparen, enthält der Elefantenschädel Hohlräume mit schwammartigem Gewebe.

Stoßzahn
Die Stoßzähne des Elefanten bestehen aus Elfenbein, das mit unserem Zahnschmelz zu vergleichen ist.

Zahnkanal
Der Stoßzahn enthält einen Kanal, in dem die Blutgefäße und Nerven liegen. Der Zahn lebt und ist empfindlich wie unsere Zähne.

Lange Lehrzeit
Die Elefantenkuh trägt ihr Baby rund 22 Monate lang aus. Nach der Geburt leben Mutter und Kalb in einer Gruppe aus mehreren verwandten Elefantenkühen und deren Jungen zusammen. Die älteste und erfahrenste Elefantenkuh führt diese Herde an. Während der langen Kindheit wird der junge Elefant von der Gruppe beschützt und lernt von den Artgenossen, wie man überlebt. Die jungen Männchen verlassen die Herde gewöhnlich erst im Alter von etwa 14 Jahren.

Rüssel
Der Rüssel des Elefanten ist stark genug, um Bäume auszureißen, und gleichzeitig so empfindlich, dass das Tier damit sogar eine Münze aufheben kann.

Drohende Zähne
Männliche Flusspferde kämpfen oft um ein Territorium oder um die Weibchen. Sie bedrohen sich und reißen das Maul weit auf. Wenn sie aneinander geraten, verhaken sie sich mit den oberen Schneidezähnen und versuchen den Gegner unter Gebrüll wegzustoßen. Die Kämpfe verlaufen aber meist unblutig.

Zum Weiterlesen 54–55

Nashörner und wilde Rinder

Das wütende Nashorn, vor dem selbst hungrige Hyänen rasch die Flucht ergreifen, hat einen verblüffenden Verwandten, das Pferd. Wildrinder wie die Büffel und die Bisons sind mit unserer Milchkuh verwandt. So harmlos wie unsere Haustiere sind diese Hornträger jedoch nicht. Von den fünf Nashornarten sind nur noch wenige Tiere vorhanden. Drei Arten leben im tropischen Asien, zwei in Afrika. Sie fressen gemischte Pflanzenkost aus Gräsern, Blättern und Früchten. Nur von Gras ernähren sich hingegen die Wildrinder, die heute noch in Afrika, Asien, Nordamerika und teilweise in Europa verbreitet sind. Wenn Wildrinder und Nashörner einem vermeintlichen Feind gegenüberstehen, greifen sie oft unvermittelt an. Dabei haben sie eigentlich kaum Feinde und selbst Löwen wagen sich nur ungern an eine Herde Wildrinder heran. Lediglich der Mensch stellt eine tödliche Bedrohung für sie dar.

Gemalte Beute
Die ersten Malereien des Menschen stellen Tiere dar, die unsere Vorfahren verehrten und jagten. Häufig sind Wildrinder als Jagdbeute zu sehen, wie hier in der Höhle von Lascaux in Frankreich. Die Jäger haben auch einen Wisent abgebildet, der heute nur noch in Zoos und in wenigen Schutzgebieten vorkommt.

Wer ist der Größte?
Der Gaur in Asien und der Waldbison in Amerika sind größer als das Sumatranashorn. Die schwersten Landtiere aber sind die Elefanten, gefolgt vom Breitmaulnashorn, das über 2 t auf die Waage bringt.

Die Jagd auf das Horn
Die Waffe des Nashorns hat fast zum Untergang dieser Tiere geführt. In Asien wird für das Horn viel Geld bezahlt. Man zermahlt es zu Pulver, um es zu essen. Die Leute glauben, dadurch stark zu werden wie ein Rhinozeros. Um die Nashörner vor Wilderern zu schützen, sägte man einigen Weibchen die Hörner ab. Doch nun haben Hyänen und andere Feinde leichtes Spiel, den wehrlosen Müttern die Jungen wegzunehmen.

Gaur

Waldbison

Breitmaulnashorn

Sumatranashorn

SCHON GEWUSST?
In der griechischen Sage war Minotauros ein Monster, halb Mensch, halb Stier. Es hauste im Labyrinth von König Minos auf Kreta. Jedes Jahr sandte der König 14 junge Männer und Frauen in das Labyrinth als Opfer für das blutdürstige Ungeheuer. Schließlich wurde Minotauros vom Helden Theseus getötet.

WILDE STIERE

Die spanische Stadt Pamplona ist berühmt für ihre Stierkämpfe. Jedes Jahr gibt es dort am Fest des heiligen Firmin ein Stierrennen durch die Stadt. Einheimische und Touristen laufen vor den gereizten Bullen her und werden gelegentlich niedergetrampelt.

Scharfe Werkzeuge

Immer enger kreisen die Barrakudas um einen Schwarm Wolfsfische. Schließlich stoßen sie mitten in die glitzernden Leiber. Mit rasiermesserscharfen Zähnen reißen sie Stücke aus den Körpern ihrer Opfer. Fast alle Räuber unter den Wirbeltieren fangen und töten ihre Beute mit den Zähnen. Die Löwen verfügen über dolchartige Eckzähne. Mit den scherenartigen Reißzähnen zerteilen sie die Knochen und die Schneidezähne wirken wie Messer mit Wellenschliff – damit schaben sie das Fleisch von den Knochen. Besonders gefährlich sind die dreieckigen Zähne des Krokodils. Vögel dagegen haben überhaupt keine Zähne. Dafür sind die harten Hornschnäbel der Nahrung besonders gut angepasst. Es gibt Formen zum Zerschneiden von Fleisch, zum Aufspießen von Fischen oder um kleine Krebschen aus dem Wasser zu filtern.

Glück gehabt
Einige Haiarten haben keinerlei Schwierigkeiten, ein Surfbrett durchzubeißen. Ein Weißer Hai kann im Ernstfall mit seinen Kiefern eine Bisskraft von 3 t pro Quadratzentimeter ausüben.

SCHON GEWUSST?
Krokodile hat man seit Jahrtausenden verehrt und gefürchtet. Die alten Ägypter hatten einen eigenen Krokodilsgott, Sobek. Sie hielten auch heilige Krokodile in Teichen. Und Kinder trugen Halsketten aus Krokodilszähnen als Amulette.

GEWALTIGE ECKZÄHNE
Der ausgestorbene Säbelzahntiger hatte außergewöhnlich lange Eckzähne. Sein Schädel war ungefähr so groß wie der eines Löwen, doch die Zähne waren mehr als doppelt so lang. Sie hatten einen gewellten Rand, waren aber nicht sehr kräftig und brachen leicht ab. Löwen zerbrechen mit ihren Eckzähnen die Halswirbel ihrer Opfer oder erwürgen sie damit. Der Säbelzahntiger stieß seine dolchartigen Zähne vermutlich in den weichen Bauch seiner Beutetiere und riss ihnen die Eingeweide heraus.

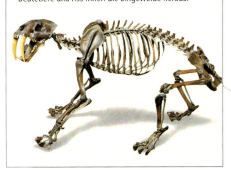

Sägeschnabel
Die Gänsesäger sind mit den Enten verwandt. Ihr Name geht auf die gezähnten Ränder ihrer Schnäbel zurück. Damit fangen sie beim Tauchen glitschige Fische und halten sie fest. Dann schlucken sie die Beute hinunter, ohne sie zu zerteilen und immer mit dem Kopf voran.

Gemischter Speisezettel

Der Bär hat verhältnismäßig kurze Eckzähne, mit denen er Beutetiere fängt und tötet. Die flachen Backenzähne verraten uns jedoch, dass er kein reiner Fleischfresser ist. Mit diesen Zähnen kaut und zerreibt er nämlich Nüsse, Früchte und Wurzeln, die den größten Teil seiner Nahrung ausmachen.

Messerscharfe Zähne

Krokodile haben sehr spitze, scharfe Zähne, mit denen sie sich in ihren Beutetieren verbeißen. Sie können Tiere so groß wie Büffel überwältigen, indem sie diese unter Wasser ziehen, um sie zu ertränken. Die Zähne, die den Krokodilen ausfallen, wachsen immer wieder nach.

Hochgeschwindigkeitsjagd

Barrakudas greifen blitzschnell an und schnappen mit ihren dolchartigen Zähnen nach allem, was ihnen vor das Maul kommt. Oft treiben sie ganze Fischschulen zusammen. Die größten Barrakudas im Indischen Ozean werden bis zu 3 m lang. Gelegentlich greifen sie sogar Taucher an.

Eine nahrhafte Mahlzeit
Der Grislibär setzt seine scharfen Krallen und Zähne ein, um frischen Lachs zu fangen und an Ort und Stelle zu verspeisen.

Der fliegende Fischer
Der Fischadler lässt jeden Sportfischer neidisch werden, denn er fängt bei zehn Versuchen neun Fische. Beim Jagen zieht der Fischadler achterförmige Schleifen hoch über dem Wasser. Hat er einen Fisch erspäht, stürzt er sich mit den Fängen voran ins Wasser und packt ihn mit den scharfen Krallen. Die spitzen Hornschuppen an der Unterseite der Zehen verhindern, dass ihm das glitschige Opfer entgleitet.

Fänge und Pranken

Mit vorgestreckten Fängen stürzt sich der Fischadler in die Fluten und greift sich einen Fisch, der sich zu weit an die Oberfläche gewagt hat. Dann fliegt er mit der Beute davon. Der Wanderfalke reißt Kleinvögel im Sturzflug und packt seine Opfer noch in der Luft. Viele Raubtiere schlagen ihre Krallen in den Körper ihres Opfers und halten es fest, um es mit den Zähnen zu töten. Eisbären strecken mit einem Hieb ihrer Pranken die Robben nieder, die zum Luftholen an den Eislöchern auftauchen. Grislibären packen mit den Krallen die glitschigen Lachse beim Aufstieg in den Flüssen. Starke Krallen tun auch gute Dienste beim Erklettern von Bäumen, beim Ausgraben von Wurzeln oder im Kampf mit einem Rivalen oder Feind.

WIE EIN KLAPPMESSER

Auch die Katze gebraucht ihre Krallen beim Beutefangen. Sie funktionieren wie ein Klappmesser. Normalerweise liegen sie eingezogen in einer Hauttasche. Deswegen können Katzen lautlos gehen. Der Hund hingegen kann seine Krallen nicht zurückziehen. Man hört ihn, wenn er über einen Steinboden läuft. Dadurch schleift er die Krallen auch dauernd ab.

Krallen eingezogen
Bei zurückgezogenen Krallen ist das elastische Band angezogen und das äußerste Zehenglied ist entspannt.

Krallen ausgestreckt
Zieht ein Muskel das letzte Zehenglied nach unten, springen die Krallen hervor und sind einsatzbereit.

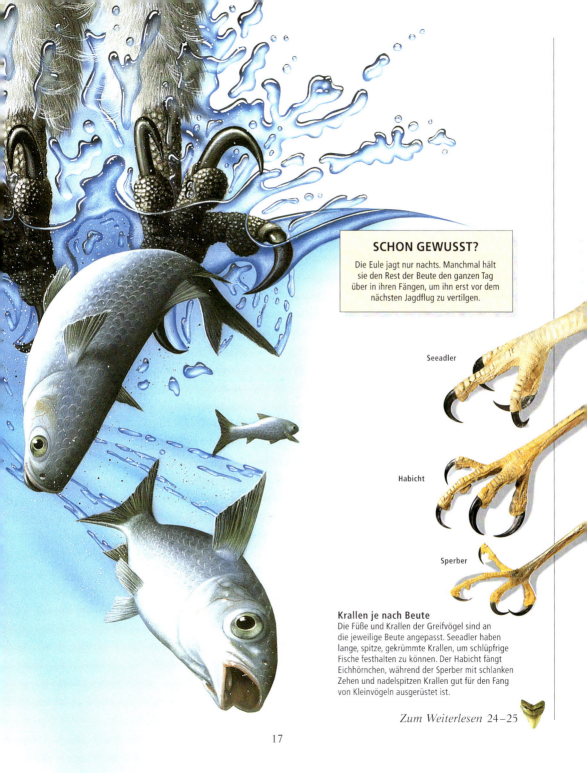

SCHON GEWUSST?

Die Eule jagt nur nachts. Manchmal hält sie den Rest der Beute den ganzen Tag über in ihren Fängen, um ihn erst vor dem nächsten Jagdflug zu vertilgen.

Seeadler

Habicht

Sperber

Krallen je nach Beute
Die Füße und Krallen der Greifvögel sind an die jeweilige Beute angepasst. Seeadler haben lange, spitze, gekrümmte Krallen, um schlüpfrige Fische festhalten zu können. Der Habicht fängt Eichhörnchen, während der Sperber mit schlanken Zehen und nadelspitzen Krallen gut für den Fang von Kleinvögeln ausgerüstet ist.

Zum Weiterlesen 24–25

Großkatzen

Lautlos und gegen den Wind schleicht sich eine Löwin an eine Gruppe von Thomsongazellen heran. Drei weitere Artgenossen liegen auf der Lauer. Unvermittelt beginnt die Jagd, die für das Opfer tödlich endet. Großkatzen wie Löwe, Tiger, Jaguar, Leopard, Puma, Schneeleopard und Gepard sind alle hervorragende Jäger. Sie haben geschmeidige Körper, starke Kiefer mit messerscharfen Zähnen sowie spitze Krallen und sie sind schnell. Sie jagen vor allem Hirsche, Gazellen und Antilopen. Gelegentlich kommt es vor, dass Tiger und Löwen auch Menschen töten. Solche Menschenfresser sind meistens alt oder krank und können ihre gewohnte Beute nicht mehr reißen. Leider sind die Großkatzen vom Aussterben bedroht. Wilderer jagen sie wegen ihres Fells, Bauern aus Sorge um ihr Vieh und in weiten Teilen der Erde hat man ihre Lebensräume zerstört.

Ein schneller Fang
Die sich anschleichende Löwin hat die Thomsongazelle fast erreicht. Die letzten Meter legt sie in einem gewaltigen Sprint zurück. Sie springt das überraschte Tier mit den Pranken an und tötet es mit einem Biss in den Nacken. Löwen gehen meist gemeinsam auf die Jagd. Die einen treiben die Beute zu, die anderen liegen auf der Lauer.

Tötungsmaschinen
Die meisten Großkatzen töten ihre Beutetiere, indem sie mit den Eckzähnen in die Halswirbel beißen und dabei das Rückenmark durchtrennen. Bei großen Tieren wie einem Büffel ist das nicht möglich. Löwen verbeißen sich dann in dessen Kehle, bis er erstickt. Dabei halten sie das Opfer mit ihren Pranken und Krallen fest und drücken es zu Boden.

Der gefleckte Sprinter
Auf kurzen Strecken erreicht der Gepard mit 110 km in der Stunde die höchste Geschwindigkeit unter den Landtieren. Seine Wirbelsäule ist beweglich wie eine Stahlfeder. Der lange Schwanz dient während des schnellen Laufes als Steuerruder.

SCHON GEWUSST?

Seit jeher gilt der Löwe als Inbegriff der Macht, der Stärke und des Mutes. Daher nahmen ihn viele Könige als Wappentier. Doch mit dem Mut dieses königlichen Tieres ist es meist nicht weit her. So mancher Löwe muss seine frisch gerissene Beute einem Rudel Hyänen oder Hyänenhunden überlassen.

DÜSTERE AUSSICHTEN

Noch im 19. Jahrhundert töteten Großwildjäger Jahr für Jahr tausende von Tigern. Erst um 1970 wurde die Jagd auf die Großkatzen verboten. Zwar hat sich der Tigerbestand in Indien wieder etwas erholt, aber nun sind die herrlichen Tiere durch Wilderer vom Aussterben bedroht.

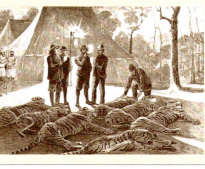

Ein seltener Anblick
Die amerikanischen Pumas oder Silberlöwen sind groß und stark, aber sehr scheu. Sie leben und jagen allein. Ihre Beute besteht aus allen möglichen Tieren, von Kleinhirschen über Affen bis zu Erdhörnchen. Bei Nahrungsmangel geben sie sich mit Mäusen und Insekten zufrieden.

Zum Weiterlesen 48–49

Wölfe und Wildhunde

SELTSAM, ABER WAHR
Im Märchen werden Wölfe meist als besonders listig dargestellt. Nach manchen Sagen sollen Wolfsmütter sogar Menschenkinder aufgezogen haben. Solche Wolfskinder hat es wirklich gegeben und selbst aus dem 20. Jahrhundert sind Fälle bekannt.

Ein hungriges Wolfsrudel durchstreift sein Revier auf der Suche nach Nahrung. Endlich hat es einen Hirsch aufgespürt. Die Hetzjagd kann Stunden dauern. Wie bei einer Treibjagd wird das Opfer eingekreist und gestellt. Der Leitwolf stürzt sich auf das erschöpfte Tier und packt es an der Nase. Die anderen Wölfe verbeißen sich in die Flanken und die Kehle des Hirsches. Der Tod tritt rasch ein. Obwohl Wölfe gemeinsam jagen, ist jeder auf sich gestellt, wenn es um die Aufteilung der Beute geht. Es gilt eine strenge Rangordnung: Als Erstes darf sich der Leitwolf satt fressen, dann folgt meist ein Weibchen als zweitstärkstes Tier. Die rangniederen Wölfe müssen sich mit dem Rest begnügen. Nur für die Jungen ist immer gesorgt. Die rund 30 Arten von Wölfen und Wildhunden leben fast alle im Rudel. Das können etwa 20 Tiere sein wie bei den Hyänenhunden oder nur zwei wie bei den Füchsen.

Jäger und Gejagter
Der Mähnenwolf durchstreift als Einzelgänger die Grasebenen Südamerikas, die Pampas. Auf seinen langen Beinen legt er weite Strecken im Passgang zurück. Er jagt kleine Nagetiere, Kaninchen, Vögel und Eidechsen. Da die Einheimischen Jagd auf den Mähnenwolf machen, ist er fast ausgerottet.

KÖRPERSPRACHE

Unser Haushund stammt vom Wolf ab und zeigt noch viele wölfische Verhaltensweisen. Mit dem Schwanz drücken Wolf und Hund Stimmungen aus.

Friedfertigkeit
Diese Schwanzhaltung zeigt, dass der Wolf oder Hund entspannt ist. Vielleicht frisst das Tier gerade oder beobachtet die Umgebung. Die Schwanzhaare liegen locker.

Unterwerfung
Hält ein Wolf den Schwanz nahe am Körper, mit zurückgebogener Spitze und glattem Haar, so will er sagen: „Von mir geht keine Gefahr aus." In dieser Demutshaltung nähert er sich einem ranghöheren Tier.

Angst
Wenn ein Wolf Angst hat, legt er den Schwanz an den Bauch. Diese Haltung nimmt er auch nach einer Niederlage gegen ein ranghöheres Tier ein.

Drohung
Mit dem hochgehaltenen Schwanz, dessen Haare abstehen, will der Wolf größer erscheinen. Er droht: „Ich kann dich besiegen, zieh dich besser zurück."

Angriff
Wenn man einen Hund mit waagerecht abstehendem Schwanz trifft, sollte man sich schnell zurückziehen. Das Tier ist drauf und dran anzugreifen.

Wolfsgeheul
Innerhalb des Rudels halten die Wölfe durch Winseln, Knurren, Bellen und andere Laute Verbindung. Mit dem lang gezogenen Geheul, das bis zu 10 km weit zu hören ist, teilt ein Rudel den Nachbarrudeln mit, wo es sich gerade befindet. Gleichzeitig ist damit die Warnung verbunden: „Bleibt uns vom Leib!" Wölfe heulen auch, um Mitglieder des Rudels wieder aufzufinden, die sich während einer Treibjagd verirrt haben. Bei der Rückkehr begrüßen sich die Tiere ebenfalls mit freudigem Geheul.

Bären

Wer das Wort „Bär" hört, denkt vielleicht an den Teddybären. Anderen fällt dabei der mächtige Grisli oder der Riesenpanda ein. Es gibt acht große Bärenarten. In der Arktis lebt der Eisbär, in den Waldgebieten der Nordhalbkugel hat der Braunbär seine Heimat, der in Nordamerika auch Grisli genannt wird. Bären kommen auch in den tropischen Gebieten Asiens und Südamerikas vor. Alle diese Tiere sind mächtige Geschöpfe mit großem Kopf, langen Eckzähnen und sehr scharfen Krallen. Eisbären töten damit Robben. Andere Bären graben Wurzeln aus, schälen Rinde von den Bäumen, spalten Bambuspflanzen oder brechen sogar Bienenstöcke auf. Die meisten Bären sind Allesfresser. Fleisch fressen sie nur, wenn die Beute leicht zu fangen ist. Der Große Panda ernährt sich von Bambus, der Brillenbär Südamerikas zieht Früchte und Nüsse vor. Eine ausgesprochene Vorliebe für Termiten, Ameisen und Bienen hat der Lippenbär.

Jagd im Untergrund
Mit seinem scharfen Geruchssinn findet der Grisli selbst ein schlafendes Murmeltier in seinem Bau. Dann gräbt er es mit seinen langen Krallen aus und packt das wehrlose Tier.

Der Blick von oben
Ein zimtfarbener Baribal hält im Baumwipfel ein Nickerchen. Wenn er sich, etwa in den Nationalparks, von zu vielen Menschen gestört fühlt, zieht sich dieser Schwarzbär auf einen Baum zurück.

Zwei Fischer und ein Bär
Fischer und Grislibären werden von den flussaufwärts wandernden Lachsen gleichermaßen angelockt. Wenn sich die Fischer an einige Regeln halten, können sie ihren Fang durchaus teilen. Sie müssen vor allem Abstand zum Grisli wahren. Nähern sich Menschen in ihrer Neugier einer Bärin mit Jungen, kann es zu einem plötzlichen Angriff kommen.

SCHON GEWUSST?
Der Teddybär hat seinen Namen nach Theodore „Ted" Roosevelt. Der 26. US-Präsident hatte bei der Jagd einen Bären verschont und erhielt dafür ein Stofftier.

Flucht auf den Baum
Die amerikanischen Schwarzbären sind vorzügliche Kletterer. Mit ihren kurzen, kräftigen Krallen finden sie an der Baumrinde guten Halt. Bei Gefahr klettern die Jungen bis in die Wipfel, während die Mutter flieht oder kämpft. Später kehrt sie zurück, um ihre Jungen abzuholen. Schwarzbären steigen aber auch auf Bäume, um Bienennester auszuräubern. Die meisten Schwarzbären haben ein schwarzes Fell, es gibt aber auch braune, zimtfarbene und weiße Tiere.

Kämpfe im Eis
Die großen Eisbärenmännchen tragen während der Fortpflanzungszeit heftige Kämpfe um die Weibchen aus. Gelegentlich wird dabei einer der Rivalen von den Krallen oder Eckzähnen auch tödlich verletzt.

WAHR ODER ERFUNDEN?

Aus allen Teilen der Welt sind Geschichten bekannt, in denen Adler kleine Kinder verschleppen. Vom Gewicht her gesehen vermag der Raubvogel dies wohl. Doch Beweise für den Kindesraub gibt es keine.

Greifvögel

An ihrem Hakenschnabel, den großen, seltsam starr blickenden Augen sowie den kräftigen Füßen mit den scharfen Krallen oder Fängen sind Greifvögel leicht zu erkennen. Außer in der Antarktis kommen sie überall auf der Erde vor. Die Zoologen unterscheiden mehr als 450 Arten. Sperlingsgroße Zwergfalken jagen fliegende Insekten, krähengroße Sperber fangen Singvögel im dichten Geäst der Waldränder. Langbeinige Sekretäre, die fast nie auffliegen, jagen Kleinsäuger und Schlangen auf dem Boden. Kondore mit Spannweiten wie kleine Flugzeuge fressen das Fleisch toter Tiere. Sie sind wie alle Geier Aasfresser. Die südamerikanische Harpyie erbeutet in den Baumwipfeln der Regenwälder Affen und trägt sie weg. Die meisten Greifvögel sind ausdauernde Flieger. Der Steinadler legt auf der Suche nach Beute gewaltige Strecken zurück. Fast alle Greifvögel jagen tagsüber. Nur die Uhus, die Eulen und die Käuze sind nachts unterwegs.

Schnelle Jagd
Der Wanderfalke hat eine Fluggeschwindigkeit von über 100 km/h und wird im nächsten Augenblick seine Beute, eine Taube, schlagen. Beim Sturzflug kann er Geschwindigkeiten von über 350 km/h erreichen.

Kein Entrinnen
Die mächtigen Harpyien, die größten Adler der Welt, jagen in den Baumwipfeln der Amazonaswälder. Sie fliegen über die Baumkronen und achten dabei auf die Stimmen von Affen. Ein überraschter Brüllaffe hat keine Chance gegen eine Harpyie. Sie packt und tötet ihn mit ihren Krallenfüßen, die so groß sind wie eine Menschenhand, und trägt ihn weg.

DER SPEISEZETTEL
Ein- oder zweimal am Tag müssen die meisten Greifvögel unverdauliche Nahrungsbestandteile hochwürgen. Diese Gewölle sind eine Fundgrube für die Wissenschaftler. Sie können daraus ablesen, welche Tiere der Greifvogel erbeutet hat. Fellreste im Gewölle deuten auf Säugetiere, Federn auf Vögel, Schuppen auf Schlangen hin. An den Knochen können die Zoologen neben der Art der Beutetiere sogar deren Anzahl bestimmen.

Knochen   Krallen

Gewölle

Alligatoren und Krokodile

Ruhig wie ein Baumstamm liegt das Krokodil im schlammigen Fluss. Es wartet auf eine Antilope, die zur Wasserstelle kommt. Nur Augen, Ohren und Nase ragen über den Wasserspiegel. Damit kann das Krokodil sehen, hören und riechen, ob sich ein durstiges Tier nähert. Kaum hat die Antilope zu trinken begonnen, schießt das Krokodil vor und packt mit seinen scharfen Zähnen die Schnauze des Opfers. Dann zieht es der Räuber ins Wasser, um es zu ertränken. Kraft, Schnelligkeit und ein Maul voll scharfer Zähne sind die Waffen der 22 Krokodilarten, die in tropischen und subtropischen Seen, Flüssen und Meeren leben. Ihre Körperlänge schwankt von 1,5 bis über 7 m. Alle sind Räuber und Fleischfresser. Sie machen Jagd auf alle möglichen Tiere, vom kleinen Fisch bis zu büffelgroßen Säugern und – vor allem in Australien – selbst auf den Menschen.

Kennzeichen: Zähne
Alligator oder Krokodil? Man kann den Unterschied an den Zähnen erkennen – aber bitte aus gehörigem Abstand! Wenn der Alligator sein Maul schließt, sind die Zähne des Unterkiefers nicht zu sehen, weil sie in Taschen des Oberkiefers verschwinden. Bei den Krokodilen ist zumindest der vierte Unterkieferzahn auf jeder Seite bei geschlossenem Maul sichtbar.

Alligator
Untere Zähne unsichtbar

Krokodil
Untere Zähne sichtbar

Alligator

SCHON GEWUSST?
Krokodil- und Alligatorweibchen vergraben ihre Eier im Sand und bewachen sie 70 bis 90 Tage lang. Wenn die Jungen quäken, graben sie die Eier aus, knacken die ledrige Schale und tragen den Nachwuchs ins Wasser.

Lohnende Treibjagd
Ein riesiges Nilkrokodil verfolgt ein Gnu im Wasser. Es wird dem Räuber mehr Fleisch liefern, als dieser auf einmal vertilgen kann.

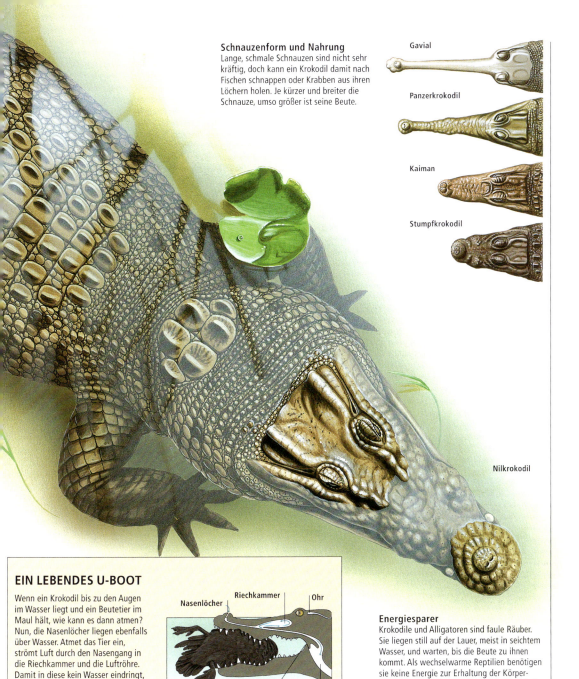

Schnauzenform und Nahrung
Lange, schmale Schnauzen sind nicht sehr kräftig, doch kann ein Krokodil damit nach Fischen schnappen oder Krabben aus ihren Löchern holen. Je kürzer und breiter die Schnauze, umso größer ist seine Beute.

Gavial

Panzerkrokodil

Kaiman

Stumpfkrokodil

Nilkrokodil

EIN LEBENDES U-BOOT
Wenn ein Krokodil bis zu den Augen im Wasser liegt und ein Beutetier im Maul hält, wie kann es dann atmen? Nun, die Nasenlöcher liegen ebenfalls über Wasser. Atmet das Tier ein, strömt Luft durch den Nasengang in die Riechkammer und die Luftröhre. Damit in diese kein Wasser eindringt, wird die Mundhöhle durch eine Hautfalte zwischen Zungenbasis und hinterem Gaumen verschlossen.

Nasenlöcher — Riechkammer — Ohr — Hautfalte — Luftröhre

Energiesparer
Krokodile und Alligatoren sind faule Räuber. Sie liegen still auf der Lauer, meist in seichtem Wasser, und warten, bis die Beute zu ihnen kommt. Als wechselwarme Reptilien benötigen sie keine Energie zur Erhaltung der Körperwärme. Da sie sehr gute Futterverwerter sind, kommen sie monatelang ohne Nahrung aus.

Zum Weiterlesen 48–49

Der Weiße Hai
Der Weiße Hai ist der berühmte Killer im Film und in Horrorgeschichten. Sein schlechter Ruf wird dabei weit übertrieben. Dennoch bleibt er die für den Menschen gefährlichste Art. Weiße Haie fressen vor allem Robben und Tümmler. Immer wieder begegnen sie in ihren Jagdgebieten aber auch Menschen. Da sie nicht gut sehen, halten sie gelegentlich einen Taucher für eine Robbe und greifen ihn an.

SELTSAM, ABER WAHR
Viele Haiarten leben in enger Gesellschaft mit anderen Fischen, den Küstensaugern. Diese Putzfische wohnen ungefährdet in den Kiemen oder Mundhöhlen ihrer Wirte und befreien sie von lästigen Parasiten.

Haie

Ein Schwimmer in der Brandung sieht plötzlich eine dreieckige graue Flosse auf sich zukommen. Er hat dabei nur einen Gedanken: Ein Hai! Haie schwimmen dank ihrer Stromlinienform sehr schnell und können bei der Verfolgung von Beutetieren sogar noch beschleunigen. Sie greifen mit weit geöffnetem Maul an, das vor spitzen Zähnen geradezu starrt, und reißen große Stücke aus ihren Opfern. Die 350 Haiarten leben in allen Meeren, von der Arktis bis zu den Tropen. Doch es ist sehr unwahrscheinlich, einen großen Hai überhaupt zu Gesicht zu bekommen. Die meisten Haie sind klein und fressen Fische oder Muscheln. Und die allergrößten, nämlich der Walhai und der Riesenhai, filtern winzige Lebewesen, das Plankton, aus dem Wasser. Gefährlich werden dem Menschen nur wenige Arten, etwa der Weiße Hai und der Tigerhai, die in flachen Küstengewässern jagen.

Tigerhai
6 m

Blauhai
4 m

Riffhai
2 m

Taucher
1,8 m

Im Vorteil
Die meisten gefährlichen Haiarten sind größer als der Mensch. Damit lohnt es sich für sie, Menschen anzugreifen, ohne ein Risiko einzugehen. Große Haie schwimmen nicht nur viel schneller als der Mensch – sie sind auch besser bewaffnet.

Sinnesorgane

Poren

Sinnesorgane für Elektrizität
Feine Poren auf der Schnauze eines Haies nehmen schwache elektrische Ströme wahr. Diese werden durch Muskeltätigkeit von Beutetieren und vom Erdmagnetfeld hervorgerufen. Haie stöbern damit sogar eingegrabene Plattfische auf. Der elektrische Sinn dient vielleicht auch als innerer Kompass.

VIELSEITIGE VERWENDUNG

Kaum ein Gericht liebt der chinesische Feinschmecker mehr als Haifischflossensuppe. In vielen Ländern steht der Hai auf der Speisekarte, bei uns etwa der Makrelenhai oder der Heringshai. Aus Haien gewinnt man auch Leder und Dünger sowie Öle und Vitamin A. Die Hornhaut von Augen der Haie wird sogar Menschen eingepflanzt und Knorpel bei der Behandlung von schweren Brandwunden eingesetzt.

Ein Riesenmaul
Der größte lebende Fisch ist der bis zu 20 m lange Walhai. Er ist völlig harmlos. Mit tausenden winziger Zähnchen und reusenartigen Kiemen filtert er Plankton aus dem Meer. Kommt ihm ein neugieriger Taucher zu nahe, schließt er vorsichtshalber sein Maul.

Tödliches Gift

Die Speikobra kann einem Feind aus 3 m Entfernung Gift in die Augen spritzen. Es verursacht unerträgliche Schmerzen und setzt den Gegner – gelegentlich auch Menschen – außer Gefecht. Viele Tiere produzieren Gifte, mit denen sie Räuber abwehren oder Beutetiere fangen. Tierische Gifte enthalten meist mehrere chemische Stoffe und gehören zu den stärksten Giften überhaupt. Ein walnussgroßer Pfeilgiftfrosch enthält so viel Gift, dass man hundert Menschen damit töten könnte. Das Gift der Seewespe, einer Quallenart, bringt einen Menschen in weniger als fünf Minuten um. Und schon ein Bruchteil von einem Gifttropfen der indischen Kobra wirkt tödlich. Manche Tiere sind aktiv giftig und verfügen über Zähne, Stacheln und Sporne, mit denen sie den Giftstoff in ihre Beute einbringen. Passiv giftige Tiere sind nur dann gefährlich, wenn man sie anfasst oder isst.

VERSCHIEDENE TIERGIFTE

Australische Zecke
Die Zeckenweibchen ernähren sich vom Blut der Menschen und Hunde. Ein einziger Biss kann Lähmungen, ja sogar den Tod herbeiführen. Das Gift ist im Speichel enthalten.

Seeschlange
Das Gift der Seeschlangen ist bis zu hundertmal wirkungsvoller als das anderer Giftschlangen. Nach einem Biss stirbt man in wenigen Stunden durch Atemlähmung.

Hellblauer Krake
Dieser Tintenfisch spritzt giftigen Speichel in die Bisswunde. Wenn die Lähmung die Atemmuskeln erfasst, tritt der Tod innerhalb von wenigen Minuten ein.

Steinfisch
Die Giftstacheln dieses Fisches lösen furchtbare Schmerzen aus. Es kommt zu Schwellungen, Taubheit, Schüttelfrost, offenen Wunden, manchmal zum Tod.

Skorpion
Die gefährlichsten Skorpionarten leben in Nordwestafrika. Ihre Gifte greifen das Nervensystem an. Vor allem Kinder können wenige Stunden nach dem Stich sterben.

Trichternetzspinne
Solange es kein Antivenin gab, starben viele Kinder am Biss dieser australischen Spinnenart. Die Männchen sind übrigens viel giftiger als die Weibchen.

Seewespe
Das Gift dieser Quallenart kann innerhalb weniger Minuten zum Tod führen. Selbst eine leichte Berührung verursacht furchtbare Schmerzen und Hautnarben.

Giftiges Schnabeltier
Das Männchen des Schnabeltiers kann einen Hund töten, wenn es ihm gelingt, ihm mit einem spitzen Sporn an den Hinterbeinen ein Gift einzuspritzen, das in der Schenkeldrüse produziert wird. Während der Fortpflanzungszeit produzieren die Männchen mehr Gift als sonst. Bei den Revierkämpfen kommt es vor, dass sie sich mit dem tödlichen Giftsporn verletzen.

SELTSAM, ABER WAHR
Spitzmäuse sind die einzigen Säugetiere mit giftigem Speichel. Dem Menschen werden sie nicht gefährlich. Eine amerikanische Kurzschwanz-Spitzmaus enthält aber so viel Gift, dass man damit leicht 200 Mäuse töten könnte.

Lebensrettung
Gegen die gefährlichsten Schlangengifte, aber auch gegen das Gift einiger Skorpionarten, Spinnen und Bienen gibt es heute Seren. Ein solches Serum oder Antivenin macht ein Gift unwirksam.

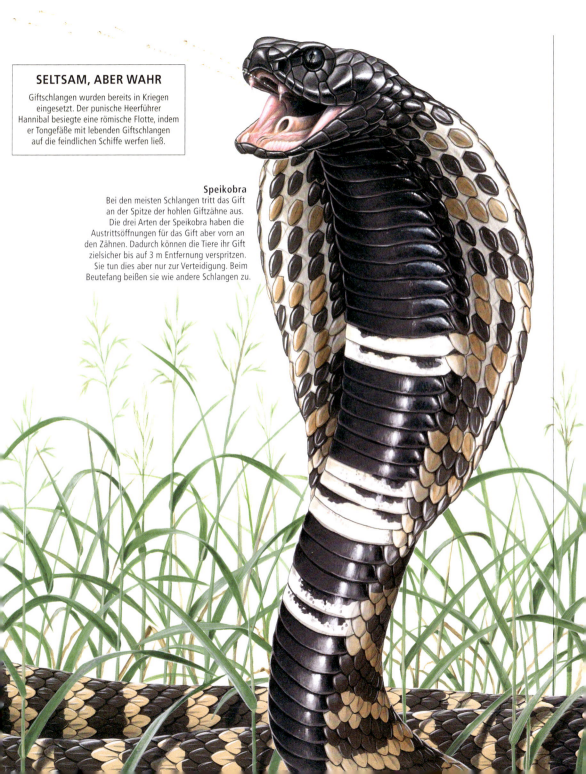

SELTSAM, ABER WAHR

Giftschlangen wurden bereits in Kriegen eingesetzt. Der punische Heerführer Hannibal besiegte eine römische Flotte, indem er Tongefäße mit lebenden Giftschlangen auf die feindlichen Schiffe werfen ließ.

Speikobra

Bei den meisten Schlangen tritt das Gift an der Spitze der hohlen Giftzähne aus. Die drei Arten der Speikobra haben die Austrittsöffnungen für das Gift aber vorn an den Zähnen. Dadurch können die Tiere ihr Gift zielsicher bis auf 3 m Entfernung verspritzen. Sie tun dies aber nur zur Verteidigung. Beim Beutefang beißen sie wie andere Schlangen zu.

Giftzähne

Tief im Rachen
Die Mangroven-Nachtbaumnatter muss ihre Beute teilweise verschlucken, bevor die tief sitzenden Giftzähne wirken können.

Bedrohlich richtet die australische Trichternetzspinne ihren Vorderkörper auf. Ihre Giftzähne sind ausgeklappt und bereit, einen Feind oder ein nichts ahnendes Insekt zu durchbohren. Beim Biss ziehen sich die Muskeln um die Giftdrüse zusammen und spritzen das Gift in das Opfer ein. Die Giftzähne sind innen hohl und haben an der Spitze eine Öffnung wie eine Spritze. Ähnliche Giftzähne haben auch die Giftschlangen. Sie sind sehr lang und schmal und mit Injektionsnadeln vergleichbar. Damit spritzen sie das Gift in die Blutbahn ihrer Opfer. Bei den Giftnattern, Klapperschlangen und Vipern liegen die Giftzähne vorn im Mund. Die Trugnattern haben gefurchte Giftzähne im hinteren Teil der Mundhöhle. Deshalb packen sie die Beute und schieben sie sich weit in den Rachen. Dann kauen sie so lange darauf herum, bis das Gift in die Wunde fließt und das Opfer lähmt. Nun können sie die Beute hinunterschlingen.

> **SCHON GEWUSST?**
> Schlangengifte wirken unterschiedlich stark. Die Diamantklapperschlange frisst normalerweise Kaninchen und ihr Gift tötet diese rasch. Will sie ein anderes Beutetier erlegen, das nicht so häufig auf ihrem Speiseplan steht, braucht sie viel mehr Gift.

Injektionsnadeln
Die spitzen Giftzähne der Klapperschlange sind nach vorn gerichtet. Das Gift wirkt sehr schnell. Mit ihrem Geruchssinn verfolgt die Schlange die Spur des sterbenden Opfers, um es dann aufzufressen.

Beißen, würgen, schlagen
Die Östliche Braunschlange Australiens tötet ihre Beute, indem sie ihr starkes Gift mit ihren langen Zähnen einspritzt oder das Beutetier erwürgt. Wenn sie angegriffen wird, schlägt sie sogar zu.

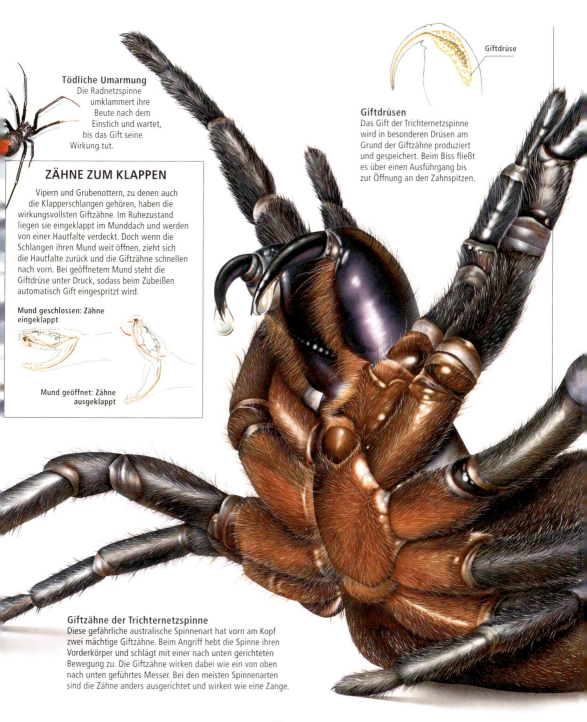

Tödliche Umarmung
Die Radnetzspinne umklammert ihre Beute nach dem Einstich und wartet, bis das Gift seine Wirkung tut.

ZÄHNE ZUM KLAPPEN

Vipern und Grubenottern, zu denen auch die Klapperschlangen gehören, haben die wirkungsvollsten Giftzähne. Im Ruhezustand liegen sie eingeklappt im Munddach und werden von einer Hautfalte verdeckt. Doch wenn die Schlangen ihren Mund weit öffnen, zieht sich die Hautfalte zurück und die Giftzähne schnellen nach vorn. Bei geöffnetem Mund steht die Giftdrüse unter Druck, sodass beim Zubeißen automatisch Gift eingespritzt wird.

Mund geschlossen: Zähne eingeklappt

Mund geöffnet: Zähne ausgeklappt

Giftdrüsen
Das Gift der Trichternetzspinne wird in besonderen Drüsen am Grund der Giftzähne produziert und gespeichert. Beim Biss fließt es über einen Ausführgang bis zur Öffnung an den Zahnspitzen.

Giftdrüse

Giftzähne der Trichternetzspinne
Diese gefährliche australische Spinnenart hat vorn am Kopf zwei mächtige Giftzähne. Beim Angriff hebt die Spinne ihren Vorderkörper und schlägt mit einer nach unten gerichteten Bewegung zu. Die Giftzähne wirken dabei wie ein von oben nach unten geführtes Messer. Bei den meisten Spinnenarten sind die Zähne anders ausgerichtet und wirken wie eine Zange.

Spinnen

Bei den mehr als 25 000 Arten von Spinnen auf der Erde ist es fast unmöglich, der einen oder anderen nicht zu begegnen. Alle sind sie giftig, alle haben sie acht Beine und bei allen ist der Körper in das Kopfbruststück und den Hinterleib geteilt. Doch damit enden auch schon die Gemeinsamkeiten. Die meisten Spinnen sind so klein, dass man sie kaum sieht, manche werden faustgroß. Ungefähr die Hälfte aller Spinnen fängt ihre Beute mit mehr oder weniger kunstvoll gesponnenen Netzen aus feiner Seide. Hat sich ein Tier darin verfangen, beißen die Spinnen zu und lähmen ihr Opfer mit Gift. Natürlich setzen die Spinnen ihre Giftzähne auch ein, um sich zu verteidigen. Dem Menschen können nur etwa drei Dutzend Arten gefährlich werden. Viel mehr sind die Spinnen gefährdet, denn sie werden von allen gejagt.

Trickreiche Falltüren
Tapezierspinnen lauern in selbst gegrabenen Röhren. Nähert sich ein Beutetier, öffnen sie die seidene Falltür, schlagen ihre Giftklauen in das Opfer und verspeisen es.

Hinterbeine
Mit ihren Hinterbeinen dreht die Spinne das Beutetier, während sie es mit dem Seidenfaden umwickelt.

Krallen
Spinnen haben acht gegliederte Beine, die in Krallen enden. Mit diesen halten sie sich an den Seidenfäden fest.

Spinnwarzen
Die Seide ist in flüssiger Form in den Spinndrüsen vorhanden. Sie wird über winzige Öffnungen der Spinnwarzen ausgestoßen und erhärtet an der Luft.

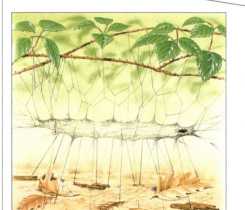

Ein Baldachin
Die bei uns häufigen Baldachinspinnen bauen im Gebüsch oder zwischen niederen Pflanzen ein waagrechtes oder kuppelförmiges Netz. Von der Decke ziehen zahlreiche Fäden nach oben, wenige nach unten, um das Netz zu verankern. Die Spinne hängt mit dem Rücken nach unten im Baldachin. Fällt ein Insekt auf die Oberseite, beißt die Spinne durch die Decke hindurch zu.

Hinterleib
Hier liegen die inneren Organe: die Verdauungs- und Spinndrüsen, die Fächerlungen, das Herz und die Fortpflanzungsorgane.

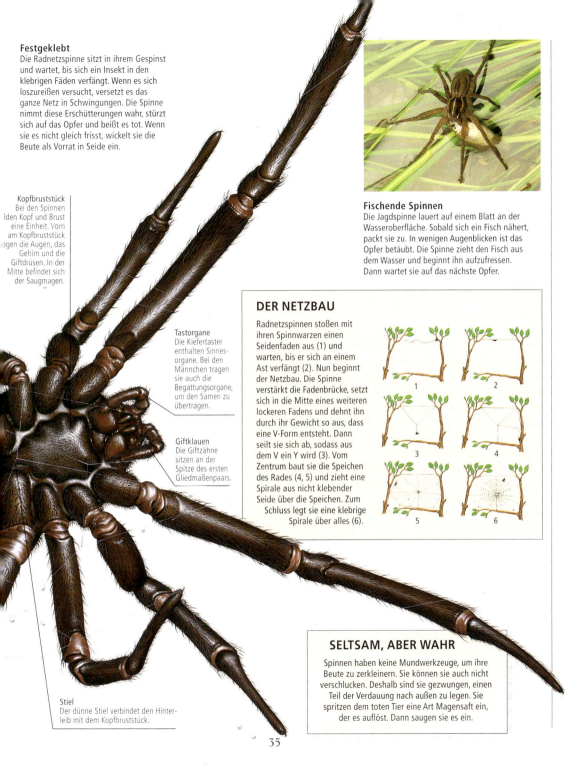

Festgeklebt
Die Radnetzspinne sitzt in ihrem Gespinst und wartet, bis sich ein Insekt in den klebrigen Fäden verfängt. Wenn es sich loszureißen versucht, versetzt es das ganze Netz in Schwingungen. Die Spinne nimmt diese Erschütterungen wahr, stürzt sich auf das Opfer und beißt es tot. Wenn sie es nicht gleich frisst, wickelt sie die Beute als Vorrat in Seide ein.

Kopfbruststück
Bei den Spinnen bilden Kopf und Brust eine Einheit. Vorn am Kopfbruststück liegen die Augen, das Gehirn und die Giftdrüsen. In der Mitte befindet sich der Saugmagen.

Tastorgane
Die Kiefertaster enthalten Sinnesorgane. Bei den Männchen tragen sie auch die Begattungsorgane, um den Samen zu übertragen.

Giftklauen
Die Giftzähne sitzen an der Spitze des ersten Gliedmaßenpaars.

Stiel
Der dünne Stiel verbindet den Hinterleib mit dem Kopfbruststück.

Fischende Spinnen
Die Jagdspinne lauert auf einem Blatt an der Wasseroberfläche. Sobald sich ein Fisch nähert, packt sie zu. In wenigen Augenblicken ist das Opfer betäubt. Die Spinne zieht den Fisch aus dem Wasser und beginnt ihn aufzufressen. Dann wartet sie auf das nächste Opfer.

DER NETZBAU
Radnetzspinnen stoßen mit ihren Spinnwarzen einen Seidenfaden aus (1) und warten, bis er sich an einem Ast verfängt (2). Nun beginnt der Netzbau. Die Spinne verstärkt die Fadenbrücke, setzt sich in die Mitte eines weiteren lockeren Fadens und dehnt ihn durch ihr Gewicht so aus, dass eine V-Form entsteht. Dann seilt sie sich ab, sodass aus dem V ein Y wird (3). Vom Zentrum baut sie die Speichen des Rades (4, 5) und zieht eine Spirale aus nicht klebender Seide über die Speichen. Zum Schluss legt sie eine klebrige Spirale über alles (6).

SELTSAM, ABER WAHR
Spinnen haben keine Mundwerkzeuge, um ihre Beute zu zerkleinern. Sie können sie auch nicht verschlucken. Deshalb sind sie gezwungen, einen Teil der Verdauung nach außen zu legen. Sie spritzen dem toten Tier eine Art Magensaft ein, der es auflöst. Dann saugen sie es ein.

Ein tödlicher Stich
Die Honigbiene kann nur einmal stechen: Nach dem Stich bleibt der mit Widerhaken versehene Stachel mitsamt der Giftdrüse in der Haut des Opfers stecken. Kleine Muskeln pumpen das Gift aus der Drüse. Bei dem Versuch, den Stachel herauszuziehen, reißt sich die Biene diesen selbst aus dem Leib und muss sterben.

Fühler
Wespen tasten, schmecken und riechen mit den Fühlern.

Fassettenauge
Das Auge der Wespe besteht aus mehreren hundert einzelnen Linsen.

Vorsicht!
Die gelb-schwarzen Streifen der einheimischen Wespenarten sind eine Warntracht, die von allen Tieren und auch vom Menschen verstanden wird. Sie bedeutet: „Vorsicht, ich bin giftig!" Wespen greifen bei der Verteidigung ihres Nestes in Scharen an und können wiederholt stechen.

Stachelinsekten

Jeder weiß, dass Bienen und Wespen stechen. Aber Ameisen? Die meisten der rund 9000 Ameisenarten sind harmlos. Sie leben überwiegend von pflanzlicher Nahrung. Es gibt aber auch gefürchtete Räuber unter ihnen wie die südamerikanischen Wanderameisen. Oft begibt sich ein ganzes Nest mit vielen 100 000 Arbeiterinnen auf Beutezug. Die Ameisen stechen und beißen alles nieder, was sich ihnen in den Weg stellt. Sogar große Säugetiere können ihnen zum Opfer fallen. Auch andere Staaten bildende Insekten, die Wespen und Bienen, können empfindlich stechen. Die gelb und schwarz gestreiften Wespen, die sich im Sommer auf dem Pflaumenkuchen niederlassen, sind keineswegs nur Vegetarier. Sie jagen andere Tiere und erlegen sie mit ihrem Stachel. Die Honigbienen hingegen stechen nur zur Selbstverteidigung. Wenn sie sich bedroht fühlen, greifen sie einen Feind allerdings in großer Zahl an.

Giftdrüse
In diesen Schläuchen entsteht das Gift.

Giftblase
Bis zum Stich wird das Gift in dieser Blase gespeichert. Dann fließt es durch einen Kanal in den Stachelapparat.

Stachel
Nur Weibchen haben einen Stachel. Er bildete sich aus der Röhre, mit der andere Insekten ihre Eier ablegen.

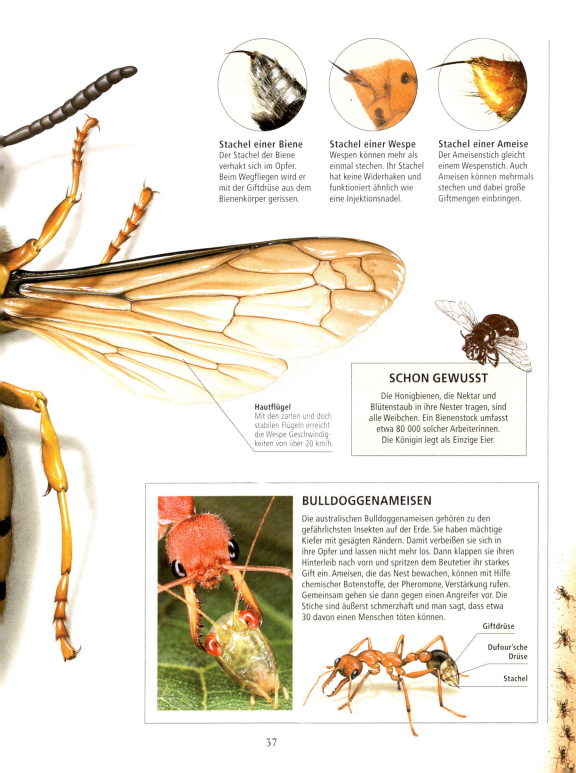

Stachel einer Biene
Der Stachel der Biene verhakt sich im Opfer. Beim Wegfliegen wird er mit der Giftdrüse aus dem Bienenkörper gerissen.

Stachel einer Wespe
Wespen können mehr als einmal stechen. Ihr Stachel hat keine Widerhaken und funktioniert ähnlich wie eine Injektionsnadel.

Stachel einer Ameise
Der Ameisenstich gleicht einem Wespenstich. Auch Ameisen können mehrmals stechen und dabei große Giftmengen einbringen.

Hautflügel
Mit den zarten und doch stabilen Flügeln erreicht die Wespe Geschwindigkeiten von über 20 km/h.

SCHON GEWUSST

Die Honigbienen, die Nektar und Blütenstaub in ihre Nester tragen, sind alle Weibchen. Ein Bienenstock umfasst etwa 80 000 solcher Arbeiterinnen. Die Königin legt als Einzige Eier.

BULLDOGGENAMEISEN

Die australischen Bulldoggenameisen gehören zu den gefährlichsten Insekten auf der Erde. Sie haben mächtige Kiefer mit gesägten Rändern. Damit verbeißen sie sich in ihre Opfer und lassen nicht mehr los. Dann klappen sie ihren Hinterleib nach vorn und spritzen dem Beutetier ihr starkes Gift ein. Ameisen, die das Nest bewachen, können mit Hilfe chemischer Botenstoffe, der Pheromone, Verstärkung rufen. Gemeinsam gehen sie dann gegen einen Angreifer vor. Die Stiche sind äußerst schmerzhaft und man sagt, dass etwa 30 davon einen Menschen töten können.

Giftdrüse
Dufour'sche Drüse
Stachel

Hände mit Scheren
Die Skorpione haben wie ihre Verwandten, die Spinnen, acht Beine. Das vordere Beinpaar ist zu zwei großen Greifscheren umgebildet. Damit packen die Skorpione ihre Beute. Dann schwingen sie den Stachel über den Kopf, um sie zu stechen.

Skorpione

Bei der Fortpflanzung führen die Skorpione einen sehr merkwürdigen Tanz auf: Das Männchen packt das Weibchen an den Scheren und bewegt sich mit ihm vor und zurück. Während dieses oft mehrstündigen Tanzes legt das Männchen ein Samenpaket auf dem Boden ab. Dann schiebt es das Weibchen so darüber, dass es den Samen aufnehmen kann. Nicht selten verspeist das Weibchen zum Schluss seinen Tanzpartner. Fast alle der 700 Skorpionarten sind Kannibalen. Sie besitzen auch alle einen Giftstachel, der mit einer Giftdrüse in Verbindung steht. Doch nur wenige Arten werden dem Menschen gefährlich.

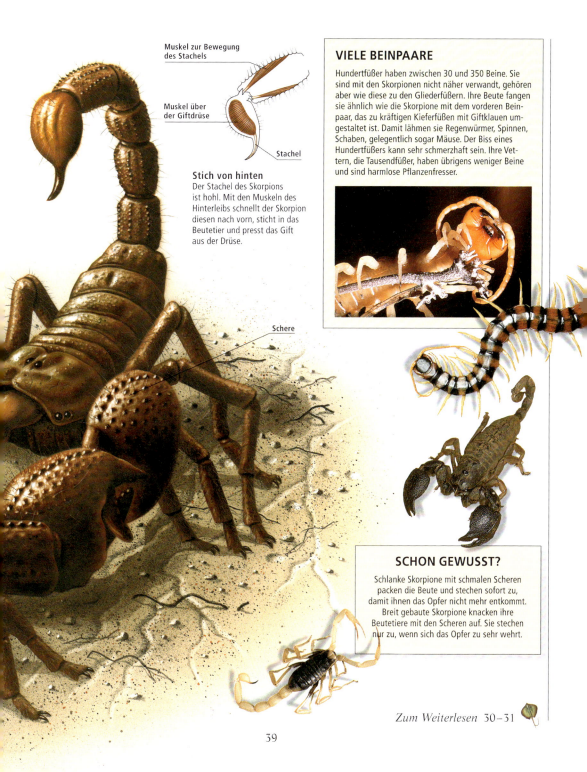

Muskel zur Bewegung des Stachels

Muskel über der Giftdrüse

Stachel

Stich von hinten
Der Stachel des Skorpions ist hohl. Mit den Muskeln des Hinterleibs schnellt der Skorpion diesen nach vorn, sticht in das Beutetier und presst das Gift aus der Drüse.

Schere

VIELE BEINPAARE
Hundertfüßer haben zwischen 30 und 350 Beine. Sie sind mit den Skorpionen nicht näher verwandt, gehören aber wie diese zu den Gliederfüßern. Ihre Beute fangen sie ähnlich wie die Skorpione mit dem vorderen Beinpaar, das zu kräftigen Kieferfüßen mit Giftklauen umgestaltet ist. Damit lähmen sie Regenwürmer, Spinnen, Schaben, gelegentlich sogar Mäuse. Der Biss eines Hundertfüßers kann sehr schmerzhaft sein. Ihre Vettern, die Tausendfüßer, haben übrigens weniger Beine und sind harmlose Pflanzenfresser.

SCHON GEWUSST?
Schlanke Skorpione mit schmalen Scheren packen die Beute und stechen sofort zu, damit ihnen das Opfer nicht mehr entkommt. Breit gebaute Skorpione knacken ihre Beutetiere mit den Scheren auf. Sie stechen nur zu, wenn sich das Opfer zu sehr wehrt.

Zum Weiterlesen 30–31

Fische

Es mag vielleicht überraschen, doch es gibt tödlich giftige Fische. Manche verfügen über scharfe Stacheln, die mit Giftdrüsen verbunden sind. Ihr Stich verursacht unerträgliche Schmerzen. Den Rekord hält der Rotfeuerfisch mit achtzehn Stacheln auf dem Rücken. Bei anderen Fischen sitzen die Stacheln am Schwanzende. Solche giftigen Stachelfische kommen in allen Meeren vor. Unter den Welsen und Barschen gibt es auch giftige Süßwasserbewohner. Bei den meisten Fischen dienen die Stacheln nur zur Verteidigung. Der Rotfeuerfisch und die Doktorfische sind so auffallend gefärbt, dass man sie leicht erkennt. Giftfische graben sich in flachen Küstengewässern gern im Sand ein. Dort kann ein Badender leicht auf einen Steinfisch oder ein Petermännchen treten.

Unsichtbare Gefahr
Langsam schwimmt der Rotfeuerfisch im Korallenmeer. Seine Rückenstacheln mit dem tödlichen Gift sind unter den geschlitzten farbigen Flossen verborgen. Der Steinfisch liegt reglos im Sand und ist von Algen getarnt. Wenn man auf ihn tritt, bohren sich die Stacheln tief in den Fuß. Der Schmerz ist so furchtbar, dass manche Menschen davon ohnmächtig werden. Nicht wenige sterben.

SCHARFE SKALPELLE

Doktorfische gibt es in allen Größen, von 20 cm bis zu 1 m Länge. Sie fallen nicht nur durch ihre leuchtenden Farben, sondern auch durch die flache Tellerform auf. Mit ihren rasiermesserscharfen Zähnen fressen sie kleine Meerestiere oder knabbern an Algen. Auf jeder Seite des Schwanzes trägt der Doktorfisch einen scharfen Giftstachel, den er bei Erregung wie ein Taschenmesser ausklappt. Gelegentlich greifen Doktorfische im Schwarm auch Schwimmer an und bringen ihnen tiefe Wunden bei.

Gefährliche Schwanzschläge
Stechrochen leben vor allem in warmen Küstengewässern. Die meiste Zeit verbringen sie eingegraben im Sand. Wenn ein Schwimmer auf einen Stechrochen tritt, schlägt dieser mit seinem Schwanz wie mit einer Peitsche zu. Daran befinden sich ein oder mehrere Giftstacheln mit Widerhaken. Bei größeren Arten sind diese Stacheln bis zu 80 cm lang. Doch selbst die viel kürzeren Stacheln der Mittelmeerrochen verursachen schwer heilende Wunden.

Zum Weiterlesen 30–31

Hübsch, aber giftig

In allen Meeren leben wunderschöne Tiere. Leider sind manche von ihnen aber stark giftig. Mit ihrem Gift erlegen sie ihre Beute oder verteidigen sich gegen Räuber. Die wundervoll gefärbten Kegelschnecken, die jeden Sammler entzücken, beherbergen in ihrem Körper eine giftige Harpune. Die Seewespe, eine Qualle, überwältigt mit ihren Nesselkapseln vor allem Fische. Doch wehe dem Taucher, der mit ihren Fangarmen in Berührung kommt! Farbige Seeanemonen bewegen im flachen Wasser ihre prächtig gefärbten Tentakel, doch darauf sitzen giftige Nesselkapseln. Nacktschnecken fressen diese Blumentiere und verwenden die Nesselkapseln zur eigenen Verteidigung. Sehr gefährliche Tiere gibt es auch unter den Korallen, den Weichtieren, den Seegurken und Seeigeln.

Klein, aber oho!
Der hellblau geringelte australische Krake ist sehr giftig. Kinder können nach einem Biss in wenigen Minuten sterben. Da der Tintenfisch nur etwa handgroß wird, hält man ihn meist für völlig ungefährlich.

Die Seewespe
Seewespen gehören zu den giftigsten Meerestieren. An der stark gewölbten Glocke sitzen bis zu 20 Tentakel, die 10 m lang werden. Das Gift einer Seewespe reicht aus, um drei bis vier Menschen zu töten.

Hellblaue Ri
Wenn sich der Krake bedr fühlt, verdunkelt sich Körper und die dunkelbla Ringe werden hellb

Eine Staatsqualle

Die Portugiesische Galeere ist ein Tierstock, in dem viele Einzelwesen leben. Das gasgefüllte Segel ist ein solches Lebewesen, andere bilden die Tentakel mit den Nesselkapseln. Die Berührung einer Nesselkapsel verursacht sehr heftige Schmerzen, Schüttelfrost und Narben, manchmal sogar den Tod.

Nesselkapseln

Jeder Tentakel der Portugiesischen Galeere trägt Schießapparate mit Nesselkapseln, die das Gift enthalten.

GIFTIGE KEGELSCHNECKEN

Die wundervoll gefärbten Kegelschnecken verlocken zum Zugreifen. Aber sofort kommt die böse Überraschung: Kaum spürt die Schnecke die Nähe des Feindes, streckt sie eine Röhre aus, in der eine Harpune mit Widerhaken sitzt. Damit spritzt sie ein lähmendes Gift ein. Von den 500 Arten sind zehn besonders gefährlich.

Conus tulipa

Conus aulicus

Giftdrüse
Giftkanal
Mund
Harpune
Röhre

SCHON GEWUSST?

Viele Vergiftungen erfolgen nach dem Verzehr von Muscheln. Diese sind zwar nicht selbst giftig, aber sie haben für Menschen giftige Algen aufgenommen.

Fangarm

Kraken bewegen ihre acht Fangarme mit den vielen Saugnäpfen sehr geschickt.

43

Hufe und Sporne

Jeder Karatekämpfer weiß, dass man die kräftigsten Schläge mit den Beinen und Füßen ausführen kann. So überrascht es nicht, dass auch Tiere sich mit ihren hinteren Gliedmaßen verteidigen. Der Strauß beispielsweise läuft bei Gefahr weg. Wenn er jedoch in die Enge getrieben wird, kann er mit seinen Füßen tödliche Schläge austeilen. Manche Tiere verstärken den Schlag noch durch zusätzliche Waffen. So stecken die Zehen der Hirsche, Antilopen und Pferde in dicken, scharfkantigen Hufen. Die Männchen des wilden Huhns haben an den Beinen lange, spitze Sporne und die Zehen der Kasuare sind wie Dolche. Die Männchen setzen diese Waffen zur Verteidigung, aber auch beim Kampf um Weibchen und Territorien ein.

Fliegende Hufe
Um sich oder andere Mitglieder der Gruppe zu verteidigen, schlagen Zebras gern mit ihren Hufen nach Angreifern, vor allem nach Hyänenhunden. Mit einem einzigen Hufschlag kann ein Zebra den Schädel dieses Raubtieres zertrümmern. Die scharfkantigen Hufe sind gefährliche Waffen.

Kampf mit den Hufen
Starke Rothirschmännchen kämpfen um den Besitz eines oder mehrerer Weibchen. Die Rivalen setzen dabei vor allem ihre Geweihe ein. Gelegentlich richten sie sich auf den Hinterbeinen auf und trommeln mit den Hufen aufeinander ein.

PAARHUFER UND UNPAARHUFER

Alle Huftiere gehen auf Zehenspitzen wie Balletttänzer. Aber während diese zum Schutz der Zehen feste Ballettschuhe tragen, haben die Tiere harte Hufe. Manche Huftiere haben nur eine oder drei Zehen, andere zwei oder vier. Man unterscheidet daher Unpaarhufer von den Paarhufern.

Paarhufer
Rinder, Kamele, Schafe, Antilopen, Hirsche und Schweine zählen zu den Paarhufern. Das ganze Körpergewicht ruht auf zwei Zehen, die unserer dritten und vierten Zehe entsprechen.

Unpaarhufer
Pferde, Tapire und Nashörner gehören zu den Unpaarhufern. Eine einzige Zehe, die unserer dritten Zehe entspricht, trägt das Körpergewicht. Schwere Unpaarhufer haben noch zwei weitere Zehen, um die Trittfläche zu vergrößern.

Scharfer Fußtritt
Die Kasuare sind große, straußenähnliche Vögel in Australien und Neuguinea. Mit ihren dolchartigen Krallen können sie auch Menschen tödliche Verletzungen beibringen.

Boxkampf
Männliche Kängurus tragen untereinander regelrechte Boxkämpfe aus. Sie halten sich mit ihren Vorderbeinen fest und schlagen mit ihren mächtigen Hinterbeinen zu, bis der Gegner auf dem Rücken liegt.

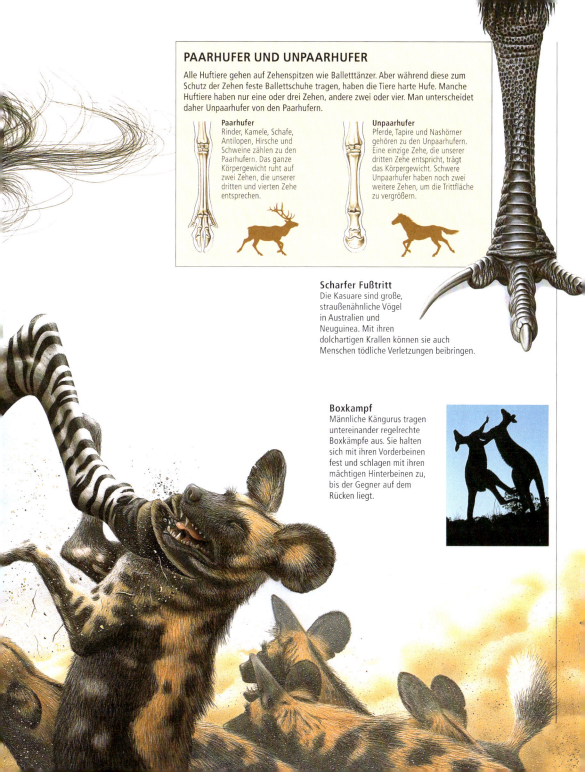

Vergiftete Federn
Die Haut und die Federn des Pitohui auf Neuguinea enthalten ein Gift, das dem der Pfeilfrösche vergleichbar ist. Das entdeckten Forscher erst 1991 durch einen Zufall. Der Pitohui ist bisher der einzige giftige Vogel.

Mit Haut und Haaren

Bei Tieren mit auffälligen Farben ist Vorsicht geboten! Meist verfügen sie über sehr wirksame chemische Verteidigungswaffen. Sie „prahlen" geradezu mit ihren Farben und Mustern, weil sie sich sicher fühlen. Mögliche Feinde lernen schnell, dass die Beute giftig oder ungenießbar ist. Viele Raupen und Schmetterlinge speichern in ihrem Körper Gifte, die sie von ihren Nährpflanzen aufgenommen haben. Schon die Berührung einer haarigen Raupe führt zu einem Ausschlag. Auch die Haut besonders bunter Frösche enthält mehr oder weniger starkes Gift. Berüchtigt sind die Baumsteigerfrösche, aus denen die südamerikanischen Indianer ihr Pfeilgift gewinnen, das die Nerven lähmt. Auch die meisten Kröten enthalten größere Mengen an Gift. Es gibt sogar einen Vogel, der giftige Federn hat.

Alles nur Angabe
Der nordamerikanische Rote Wiesensalamander ahmt mit seiner auffälligen Farbe eine andere Molchart nach, die wegen ihrer giftigen Haut von Vögeln und Schlangen gemieden wird. Auf diese Weise schützt sich der harmlose Wiesensalamander.

Eine stachelige Kugel
Ameisenigel haben kein Gift, aber spitze Stacheln, die leicht abbrechen. Fühlt sich das Tier bedroht, rollt es sich zu einer Kugel zusammen. Im weichen Boden gräbt sich der Ameisenigel so tief ein, dass nur noch die spitzen Stacheln aus der Erde ragen.

Giftige Kröten
Kröten geben bei Gefahr aus den Drüsen hinter den Augen ein milchiges Sekret ab. Zum Glück können sie ihr Gift nicht einspritzen, sonst würden sie zu den giftigsten Tieren der Erde zählen.

EINE TÖDLICHE MAHLZEIT
Die Haut, das Blut und die inneren Organe des Kofferfisches enthalten ein tödliches Gift. Die Japaner lieben das rohe Fleisch dieses Fisches, den sie Fugu nennen, ganz besonders. Fuguköche müssen jahrelang lernen, wie man die giftigen Teile von den ungiftigen trennt.

Todbringende Frösche
Südamerikanische Indianerstämme spießen die bunten Baumsteigerfrösche auf und rösten sie über dem Feuer. Mit dem austretenden Gift bestreichen sie die Spitzen ihrer Blasrohrpfeile. Damit töten sie Affen und Tapire. Der Tod tritt in wenigen Sekunden ein.

Riesig und todbringend
Der Komodowaran ist die größte Echse der Erde. Er hat kräftige Beine, spitze Zähne, einen peitschenartigen Schwanz und ist sehr flink. Der Waran tötet Wasserbüffel, die dreimal so schwer sind wie er selbst.

Größe, Stärke, Schnelligkeit

Zwar sitzt die Hauskatze manchmal schnurrend auf unserem Schoß, aber sie geht genauso wie der Tiger auf Jagd. Beide fangen ihre Beute schnell und töten sie mit scharfen Krallen und langen Eckzähnen. Neben der Größe und der Stärke ist es auch die Schnelligkeit, die ein Tier für Menschen gefährlich macht. Die meisten Tiere laufen über kurze Strecken schneller als der Mensch, selbst Schwergewichte wie Bären, Nashörner und Nilpferde. Vor einem Krokodil oder einer Kobra können wir zwar davonlaufen, doch greifen diese Tiere so unvermutet an, dass dafür meist keine Zeit mehr bleibt. Gerät eine Elefantenherde erst einmal in Panik, kann man sich kaum noch in Sicherheit bringen. Riesige Wale nehmen es mit jedem Walfängerboot auf und können es zum Kentern bringen. Wie gefährlich ein Tier wirklich ist, hängt nur vom Standpunkt des Betrachters ab. Für eine Maus ist auch die schnurrende Katze eine tödliche Gefahr.

Luftsprung
Das Krokodil kann senkrecht aus dem Wasser springen, um einen Vogel in der Luft oder ein Tier am Ufer zu packen.

Drachenklauen
Der etwa 3 m lange Komodowaran reißt mit seinen scharfen Krallen Hirsche und Wildschweine buchstäblich in Stücke.

Überfall ...
Eine Gruppe von Schwertwalen rast auf die nichts ahnenden Robben zu. Bisweilen schwimmen die Wale bei ihrem schnellen Angriff bis auf den Strand.

... und kurzer Kampf
Die Robben geraten in Panik und versuchen in die Brandung zu entkommen. Hier sind sie eine leichte Beute für die Schwertwale.

SELTSAM, ABER WAHR

Der Drache gilt bei uns als Ungeheuer, während der Himmelsdrache für die Chinesen Glück und Frieden bedeutet. Als Vorbild für den Drachen diente möglicherweise das Krokodil oder eine riesige Schlange. Der Komodowaran kann es wohl kaum gewesen sein, denn er kommt nur auf drei kleinen indonesischen Inseln vor.

chnell und ausdauernd
eparde sind die schnellsten Land-
äugetiere. Auf kurzen Strecken
reichen sie eine Geschwindigkeit
on 110 km/h. Wölfe starten viel
ngsamer und kommen nur auf
wa 60 km/h. Doch schon nach
urzer Zeit überholen sie die
eparde, weil sie viel ausdauernder
nd. Wölfe halten eine Durch-
hnittsgeschwindigkeit von fast
0 km/h über eine Stunde lang.

Große Armeen

Manche Tiere werden erst richtig gefährlich, wenn sie in großer Zahl auftreten, und in der Masse richten sie oft große Schäden an. Eine einzelne Wanderheuschrecke verzehrt das Blatt einer Weizenpflanze. Doch ein Schwarm aus Millionen von Heuschrecken kann einen ganzen Landstrich kahl fressen. Der Stich einer einzigen Mörderbiene ist kaum schlimmer als der unserer Honigbiene. Doch Mörderbienen greifen in großer Zahl an und können dadurch sogar Menschen töten. Insekten, die Staaten bilden, wie Bienen und Ameisen, tauschen mit Hilfe chemischer Stoffe untereinander Botschaften aus. Mit diesen Pheromonen verständigen sie sich über die Verteidigung des Nestes oder einen Angriff auf einen Feind. Auch bei der Jagd auf Beute stimmen sie sich ab.

Mörder- oder Killerbienen
In den 1950er-Jahren paarten Imker in Brasilien afrikanische mit westeuropäischen Bienen, um mehr Honig zu bekommen. Dabei entstanden äußerst aggressive Insekten, die sogar Menschen angreifen und töten.

Bienentänze
Honigbienen teilen ihren Genossinnen durch Tänze mit, wo und in welcher Entfernung vom Stock Futter zu finden ist. Diese Biene führt den Schwänzeltanz auf und benutzt den Sonnenstand zur Richtungsangabe.

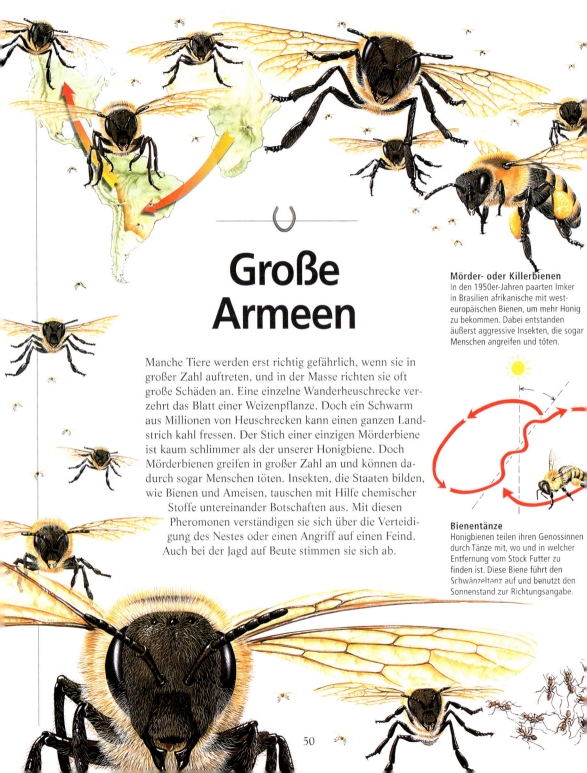

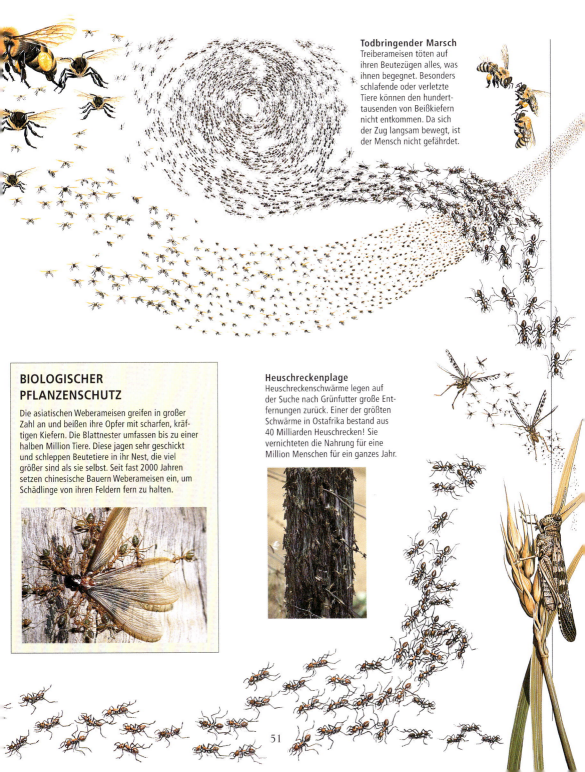

Todbringender Marsch
Treiberameisen töten auf ihren Beutezügen alles, was ihnen begegnet. Besonders schlafende oder verletzte Tiere können den hunderttausenden von Beißkiefern nicht entkommen. Da sich der Zug langsam bewegt, ist der Mensch nicht gefährdet.

BIOLOGISCHER PFLANZENSCHUTZ

Die asiatischen Weberameisen greifen in großer Zahl an und beißen ihre Opfer mit scharfen, kräftigen Kiefern. Die Blattnester umfassen bis zu einer halben Million Tiere. Diese jagen sehr geschickt und schleppen Beutetiere in ihr Nest, die viel größer sind als sie selbst. Seit fast 2000 Jahren setzen chinesische Bauern Weberameisen ein, um Schädlinge von ihren Feldern fern zu halten.

Heuschreckenplage
Heuschreckenschwärme legen auf der Suche nach Grünfutter große Entfernungen zurück. Einer der größten Schwärme in Ostafrika bestand aus 40 Milliarden Heuschrecken! Sie vernichteten die Nahrung für eine Million Menschen für ein ganzes Jahr.

Klein – aber gefährlich

Nur ein Stich...
Stechmücken verbreiten in den Tropen die Malaria. Die Gelbfiebermücke überträgt Viren, die sowohl das Gelbfieber als auch das Denguefieber auslösen können.

Gefährliche Tiere wie Großkatzen, Krokodile oder Schlangen verletzen oder töten jedes Jahr insgesamt vielleicht ein paar tausend Menschen. Doch Millionen erkranken und sterben, weil sie von Ratten oder winzigen Insekten gebissen oder gestochen werden. Diese Tiere übertragen Krankheitserreger, vor allem Viren und Bakterien. Stechmücken können beispielsweise Malaria übertragen, die zum Tod führen kann. Fast die Hälfte aller Menschen auf der Erde ist von Malaria bedroht oder hat diese Krankheit bereits. Zwar versucht man schon seit Jahrhunderten, die Vermehrung der Stechmücken zu bremsen und die Krankheitserreger zu bekämpfen, doch ohne Erfolg. Sie entwickeln immer wieder neue Abwehrstoffe gegen neue chemische Mittel.

Vorher

Zum Platzen voll
Zwei Tage lang kann ein Zeckenweibchen Blut saugen, dann hat es sein 200faches Anfangsgewicht!

Nachher

Gefährlicher Zeckenbiss
Zecken verbreiten in Mitteleuropa zwei lebensgefährliche Krankheiten: eine von Viren ausgelöste Hirnhautentzündung und Borreliose, die durch Bakterien entsteht.

Der schwarze Tod
Die Pest war die schrecklichste Geißel des Mittelalters. Allein zwischen 1346 und 1350 starb daran ein Drittel der Bevölkerung Europas, das waren fast 25 Millionen Menschen. Die Krankheit wird von Flöhen übertragen, die auf Ratten leben. Heute tritt die Pest nur bei katastrophalen hygienischen Bedingungen auf.

MILBEN MITTEN UNTER UNS
Wer weiß, dass sich in diesem Augenblick winzige achtbeinige Tiere auf unserer Haut tummeln? Sie fressen die Millionen von Zellen, die täglich von der Haut abschilfern. Natürlich leben diese Milben auch in den Betten. Hausstaubmilben finden sich überall: auf Vorhängen und Teppichen, in Bodenritzen und auf den Tapeten. Manche Menschen reagieren darauf allergisch und bekommen Asthma.

Lebenslauf einer Mücke
Stechmücken legen ihre Eier ins Wasser. Daraus schlüpfen Larven, die sich von Einzellern ernähren. Die Mückenlarven verwandeln sich in Puppen, aus denen schließlich die fertigen Stechmücken hervorgehen.

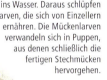

Gefahr droht von den Weibchen
Nur die Stechmückenweibchen saugen Blut. Sie benötigen es, um ihre Eier legen zu können. Jedes Weibchen legt mehrere hundert Eier.

Ein echter Vampir
Über Blut saugende Vampire gibt es viele Schauergeschichten. Tatsächlich leben in Südamerika aber zwei Fledermausarten, die Blut saugen. Aber so gut wie nie machen sie sich an schlafende Menschen heran.

Jagd auf Tiere

Seit Jahrtausenden machen Menschen mit immer wirkungsvolleren Waffen Jagd auf Tiere. Die Jäger der Steinzeit rotteten die Mammuts aus. Die Indianer brachten das Riesenfaultier zum Aussterben. Die Maori auf Neuseeland ließen dem Riesenstrauß Moa und dem Riesenadler keine Chance zum Überleben. Europäischen Seefahrern fielen die Steller'sche Seekuh, der Riesenalk und die Dronte zum Opfer. Afrikanische Wilderer töteten in der Zeit von 1970 bis heute über 6000 Spitzmaulnashörner und ließen nur noch etwa 2000 Tiere übrig. Auch diese Art wird bald von der Erde verschwunden sein. Walfänger ziehen mit modernsten Fangflotten in die entlegensten Teile der Meere, um die letzten Riesen der Tierwelt zu jagen. Wo auch immer der Mensch Besitz ergreift von neuen Lebensräumen, bleiben die Tiere auf der Strecke. Es darf nicht so weitergehen, sonst sind bald auch die letzten Wildnisse zerstört.

Elfenbein in Flammen
Im Jahr 1989 verbrannte die Naturschutzbehörde von Kenia die Stoßzähne von ungefähr 1000 Elefanten. Damit wollte sie dem Elfenbeinhandel einen Riegel vorschieben. Die Preise für Elfenbein und auch die Wilderei sind seither deutlich zurückgegangen.

Raffinierte Waffen
Der Mensch setzt seine ganze Intelligenz ein, um Waffen zu erfinden, die auf Entfernung töten. Selbst mit Pfeil und Bogen konnte er gefährliche Beutetiere ohne großes Risiko für sich selbst erlegen.

Gnadenlose Jagd
Die schönen Felle der Großkatzen bildeten eine mächtige Versuchung für die Jäger. Viele Raubkatzen standen bereits vor dem Aussterben. Erst in den 1970er-Jahren einigte man sich darauf, die Großkatzen weltweit zu schützen.

Kurz vor dem Aussterben
Seit Jahrhunderten hat man die Nashörner wegen ihres Horns gejagt. In China gilt das zermahlene Horn als Kraftmittel und viele glauben, es verleihe ihnen ein längeres Leben. Mit Jeeps und modernen Waffen ist es den Wilderern ein Leichtes, die riesigen Tiere zu erlegen. Es ist nur eine Frage der Zeit, wann alle fünf Nashornarten ausgestorben sein werden.

Schutz für Koalas
Die australischen Koalas sind nicht menschenscheu und waren deshalb eine leichte Beute für Jäger. Man hatte es auf ihren Pelz abgesehen und schon 1924 wurden 2 Millionen Tiere erlegt. Heute sind diese Beuteltiere streng geschützt.

WER HÄTTE ES GEWUSST?
Im Jahr 1963 lebten nur noch 400 Brutpaare des Weißkopfseeadlers, des Wappenvogels der USA. Dann wurde energisch durchgegriffen: Man schützte die Lebensräume, verbot das DDT und die Jagd. Heute gibt es wieder über 4000 Brutpaare und die Gefahr, dass dieser herrliche Vogel ausstirbt, ist gebannt.

Im Regenwald
Dieser junge Mann protestiert gegen das Abholzen der Regenwälder, doch immer größere Gebiete werden gerodet und abgebrannt. Über 15 000 Tier- und Pflanzenarten sind dadurch bereits ausgestorben. Wenn man nicht damit aufhört, wird die Erde bald eine Wüste sein.

Törichte Mode
Die Modeindustrie verlangt ständig nach Häuten von Krokodilen, Schlangen und Echsen, um daraus teure Taschen, Schuhe und Gürtel herzustellen. Vor allem die Boas drohen dadurch auszusterben.

Zum Weiterlesen 18–19

Sag mir, wo die Tiere sind...

Gefährliche Tiere gibt es überall. Haie, Quallen und giftige Fische leben an den meisten Küsten dieser Welt. Auf jedem Kontinent gibt es Giftschlangen und Spinnen – nur nicht in der Antarktis. Und jeder Erdteil hat mindestens einen Räuber, der größer wird als der Mensch, zum Beispiel das Krokodil in Australien, der Löwe in Afrika, der Tiger in Asien, der Bär in Nord- oder die Anakonda in Südamerika. Doch eher wird man vom Blitz getroffen, als dass man einem dieser gefährlichen Tiere begegnet. Nur unsere wirklichen Feinde, die Ratten und die Stechmücken, treffen wir in jedem Winkel der Welt an.

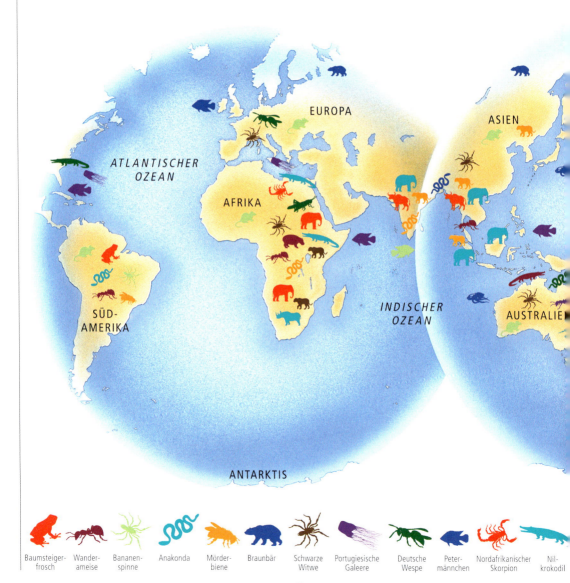

| Tiger | Indischer Elefant | Gaur | Hausratte | Leistenkrokodil | Königskobra | Grislibär | Diamantklapperschlange | Alligator | Barrakuda | Skorpion |

NORDAMERIKA

PAZIFISCHER OZEAN

VOM AUSSTERBEN BEDROHT

Die größte Gefahr für die Tiere geht vom Menschen aus. Er vernichtet nicht nur ihre Lebensräume, indem er Wälder rodet und in Ackerland und Weiden umwandelt, er jagt sie auch wegen ihrer Hörner und Geweihe, wegen ihrer Stoßzähne, Häute und Felle. Vor 200 Jahren starb pro Jahr etwa eine Tierart aus. Heute hat sich das Sterben so beschleunigt, dass fast täglich mehrere Arten von der Erde verschwinden.

Eisbär
Jahrhundertelang machten die Inuit Jagd auf den Eisbären. Doch erst mit dem Einsatz moderner Waffen war er wirklich bedroht. Seit 1973 steht er unter Schutz.

Gorilla
Früher jagte man Gorillas, um aus ihren Händen und Füßen Souvenirs für Touristen herzustellen. Heute sind die Berggorillas fast ausgestorben. Doch die Wilderer treiben ihr Unwesen weiter.

Harpyie
Der größte Adler der Welt lebt im Amazonasgebiet. Seit man die Regenwälder abholzt, hat die Harpyie aber nur noch geringe Überlebenschancen.

Gepard
Geparde sind die schnellsten Landtiere, doch dem Aussterben entkommen sie wohl nicht. Ihre Lebensräume wurden in Weideland verwandelt. Da Geparden ab und zu Weidetiere reißen, werden sie abgeschossen.

| ...sspferd | Wüstenheuschrecke | Breitmaulnashorn | Speikobra | Afrikanischer Elefant | Löwe | Bulldoggenameise | Seeschlange | Seewespe | Trichternetzspinne | Steinfisch | Hellblauer Krake |

Register

A
Abholzung 55
Adler 24
Afrikanischer Elefant 10, 57
Alligatoren 26, 57
Ameisen 36, 37
Ameisenigel 47
Amphibien 58
Anakonda 56
Antivenin 30, 58
Art 58

B
Baldachinspinne 34
Bären 15, 16, 22
Baribal (Schwarzbär) 23
Barrakuda 7, 14, 15, 57
Barsch 40
Baumsteigerfrosch 46, 47, 56
Bienen 36, 37
Bison 12
Blauhai 28
Bongo 2
Borreliose 52, 58
Braunbär 22, 56
Braunschlange 32
Breitmaulnashorn 12, 57
Brillenbär 22
Büffel 12
Bulldoggenameisen 37, 57

C
Chemische Waffen 46
Conus aulicus 43
Conus tulipa 43

D
Demutsgeste 58
Denguefieber 52
Diamantklapperschlange 32, 57
Doktorfische 40, 41
Drache 49
Dronte 54
Dufour'sche Drüse 37, 58

E
Einhorn 9
Eisbär 16, 22, 23, 57
Elch 2
Elefanten 10, 11
Elfenbein 8, 54, 58
Eule 17, 24

F
Fänge 24
Fassettenaugen 36

Fischadler 16
Fische 39
Fledermaus 53
Floh 53
Flusspferd 10, 11, 57
Fugu 47

G
Gänsesäger 14
Gaur 12, 57
Gavial 27
Geier 24
Gelbfieber 52, 58
Gepard 18, 49, 57
Geweih 8, 9
Gewölle 25
Giftblase 36
Giftdrüse 33, 36
Giftklauen 34, 35
Giftzähne 31–34
Greifvögel 24, 58
Grislibär 16, 22, 23, 57
Großer Panda 22
Großkatzen 18, 54
Grubenorgan 58
Grubenotter 33

H
Habicht 17
Haie 14, 28
Harpyie 24, 25, 57
Hauer 8
Haushund 21
Hausstaubmilbe 53
Hautflügel 37
Hellblauer Krake 30, 42, 57
Hetzjagd 20
Heuschrecken 50, 51, 57
Hirnhautentzündung 52
Honigbiene 36, 37
Hörner 8, 58
Hornschnabel 14
Hufe 44, 45, 58
Hundertfüßer 39
Hyänenhund 44

I–J
Indischer Elefant 10, 57
Jagd 54
Jagdspinne 35

K
Kaiman 27
Känguru 45
Kasuar 44, 45

Kauz 24
Kegelschnecken 42, 43
Keratin 8
Kieferfüße 39
Killerbiene
   siehe Mörderbiene
Klapperschlange 32, 33, 57
Koala 55
Kobra 30, 57
Kofferfisch 47
Komodowaran 48
Kondor 24
Krake 30, 42, 43, 57
Krallen 16, 24
Krokodile 14, 15, 26, 48, 56, 57
Kröten 47

L
Labyrinth 12
Lascaux 12
Leittier 20
Lippenbär 22
Löwe 18, 57

M
Mähnenwolf 20
Malaria 52
Mammut 14
Mangroven-Nachtbaumnatter 32
Mimikry 58
Milben 53, 58
Minotaurus 12
Moa 54
Mörderbiene 50, 56
Mücken 52, 53
Muscheln 42

N
Nacktschnecken 42
Narwal 8, 9
Nashorn 12, 55, 57
Nesselkapseln 42, 43, 58
Nilkrokodil 26, 56
Nilpferd 10

P
Paarhufer 45
Panzerkrokodil 27
Parasiten 52, 59
Pest 53
Petermännchen 40, 56
Pfeilgiftfrosch 30, 46, 47
Pheromone 37, 50, 59
Pitohui 46
Plankton 28, 59
Portugiesische Galeere 43, 56

Puma 19
Putzerfische 28, 59

R
Radnetzspinne 33, 35
Rangordnung 8, 20, 59
Ratten 53
Raubkatzen 54
Regenwald 55, 59
Rentier 8, 44
Reptilien 59
Riesenadler 54
Riesenalk 54
Riesenfaultier 54
Riesenhai 28
Riffhai 28
Rochen 41
Roter Wiesensalamander 46
Rotfeuerfisch 40
Rudel 21
Rüssel 11

S
Säbelzahntiger 14
Schlangen 30–33, 56, 57
Schlangengift 30–33
Schmarotzer 52
Schnabeltier 30
Schnäbel 14
Schwänzeltanz 50
Schwanzhaltung (Hund) 21
Schwarzbär 23
Schwarze Witwe 6, 56
Schwertwal 49
Seeadler 54
Seeanemone 42
Seeschlange 30, 57
Seewespe 30, 42, 57
Sekretär 24
Serum 30, 59
Silberlöwe 19
Skorpione 30, 38, 56, 57
Speikobra 30, 31
Sperber 17, 24
Spinndrüse 34
Spinnen 6, 7, 30, 32–34, 35
Spinnennetz 34, 35
Spinnwarzen 34
Spitzmaulnashorn 8, 54
Spitzmaus 30
Staaten bildende Insekten 40, 59
Staatsqualle 43
Stachel 36, 39
Stechmücken 52, 53
Stechrochen 41
Steinadler 24

Steinfisch 30, 40, 57
Steller'sche Seekuh 54
Stoßzähne 8, 10, 11
Strauß 44
Stromlinienform 28, 59
Stumpfkrokodil 27
Sumatranashorn 12

T
Tapezierspinnen 34
Tastorgane der Spinne 35
Tausendfüßer 39
Tentakel 43, 59
Territorium 8, 59
Thomsongazelle 18
Tierstock 43
Tiger 18, 19, 57
Tigerhai 28
Tintenfisch 42
Todesotter 6
Treiberameisen 51
Trichternetzspinne 30, 32, 33, 57
Trugnatter 32

U–V
Uhu 24
Unpaarhufer 45
Vampir 53

W
Waldbison 12
Wale 54
Walhai 28, 29
Walross 8
Wanderameisen 36, 56
Wanderfalke 16, 24
Wappen 19
Weberameisen 51
Weißer Hai 28
Weißkopfseeadler 55
Weißwedelhirsch 8
Wels 40
Wespen 36, 37, 56
Wilderei 54
Wildhunde 20
Wildrinder 12
Wirbeltiere 59
Wisent 12
Wolf 20, 49

Z
Zähne 14, 26
Zebra 44
Zecke 30, 52
Zehenspitzengänger 45
Zwergfalke 24

Bildnachweis

(l=links, M=Mitte, o=oben, r=rechts, u=unten, B=Bildsymbol, R=Rückseite, U=Umschlag, V=Vorderseite) **Ad-Libitum**, 23Mr (S. Bowey). **Auscape**, 18Ml, 44ul (Y. Arthus Bertrand); 42/43, 47or, 58M (K. Atkinson), 49ur (E. & P. Bauer), 24ul (N. Birks), 57ol (J. Cancalosi), 57or (T. De Roy), 35or, 47uM, 47M, 55ur (J. P. Ferrero), 12or, 26ur, 52/53, 57ul (Ferrero-Labat), 16ol (J. Foott), 32ul (M. W. Gilliam), 6u, 58o (Y. Gillon/Jacana), 33ol (C. A. Henley), 48l (J. M. La Roque), 30ul (Mammi-France/Jacana), 49r, 49or (D. Parer & E. Parer-Cook), 32or (M. Tinsley). **Australian Museum**, 15ol, 15or, 17or, 17Mr, 17ur, 25ur, 46l, 59M (C. Bento), 46ol (W. Peckover/ National Photo Index), 4o, 5o, 6B, 30B, 34B, 36B, 38B, 40B, 54ul (H. Pinelli). **Australian Picture Library**, 29Mr (G. Bell), 51r (J. Carnemolla), 14or (R. Grunzinski/Vandystadt), 5ur (Orion Press Tokyo), 54oM (T. Stoddart), 39or (A. Tolhurst), 32r, 53r, 57ur (Zefa). **Esher Beaton**, 5M, 14ol, 19B, 44B, 46B, 48B, 50B, 54uM, 54ol, 55u, 55ul. **Biofotos**, 30l (H. Angel). **Bruce Coleman Ltd**,16u (J. Burton), 46u, 59oM

(J. Dermid), 11u (Dr. M. P. Kahl), 9u (Dr. E. Pott), 36o (Dr. F. Sauer), 5or, 39ur (A. Stillwell). **Comstock**, 19Mr. **Mary Evans Picture Library**, 9l, 10r, 10or, 12M, 14M, 19or, 20o, 24o, 28l, 49M. **The Image Bank**, 23o (J. Van Os). **Lansdowne Publishing**, 29or. **Mantis Wildlife Films**, 5u, 30–31, 34or, 51u, 52B, 54B (D. Clyne), 37or (J. Frazier). **Minden Pictures**, 9or (M. Hoshino), 26Mr, 58uM (F. Lanting). **Oxford Scientific Films**, 45r (J. Aldenhaven), 37oM (G. J. Bernard), 39u (S. Camazine), 59uM (M. Gibbs), 52l (J. H. Robinson), 23ul (N. Rosing). **The Photo Library, Sydney**, 53or (Dr. J. Burgess/SPL), 13 (Hulton-Deutsch). **Photo Researchers Inc**, 41or, 58oM (A. Power). **Planet Earth Pictures**, 43or (N. Coleman), 29o (R. Cook), 41ur (G. Douwma), 14ur, 37ol (G. du Feu), 24Ml (N. Greaves), 4M, 8B, 10B, 12B, 39r (K. Lucas), 7o, 37u (D. P. Maitland), 20ul (R. Mathews), 43ol (P. Scoones). **Project Advertising**, 30uM. **Smithsonian Institution NMNH**, 14ul (C. Clark). **Tom Stack and Associates**, 52or (D. M. Dennis), 30Ml (D. Watts). **Stock Photos**, 55or (L. Nelson), 52ul (Phototake).

Grafik
Simone End, 33or, 56, 57. **Christer Eriksson**, 6–7, 12–13, 14–15, 16–17, 18–19, 20–21, 24–25, 28–29, 38–39, 44–45, 54–55. **Alan Ewart**, 10–11, 33r. **Mike Gorman**, 56–57. **David Kirshner**, 2, 4–5u, 8–9, 12l, 16ur, 18u, 20ol, 21r, 22–23, 26–27, 29ol, 30–31, 33l, 43r, 45o, 46–47, 48–49, 53r, 56, 57. **Alex Lavroff**, 28ur. **Kevin Stead**, 1, 4–5o, 4–5ur, 34/35, 36–37, 50–51. **Bernard Tate**, 40–41.